Impressum

1. Auflage 2014

ISBN 978-3-9814621-6-6

Gedruckt auf Recyclingpapier (aus 100% Altpapier) mit mineralölfreien Farben.

© compassion media, Münster, 2014

compassion media
a division of roots of compassion eG
Friedensstr. 7
48145 Münster
www.compassionmedia.org
info@compassionmedia.org

Design / Layout: Marvin Diekmännken - *diekimar@web.de*
Bilder: Maximilian Schmid | Claudia Renner
Cover: Marc Pierschel - *marcpierschel.org* | Wolfram Schmidt - *webcube.de*

Rohvegan

Mein 4-Wochen-Selbstversuch

Claudi

Ich erblickte 1982 in München das Licht der Welt und wurde mit acht Jahren, als ich erfuhr, dass ich mit jedem Burger, Schnitzel, Lasagne und Wurstbrot Lebewesen esse, zur Vegetarierin. Ende 2010 las ich „Tiere essen" und wurde anschließend vegan. Am ersten Tag meines neuen Lebens, dem 10.01.2011, startete ich meinen Blog „Claudi goes vegan". Dieser wird mehrmals wöchentlich aktualisiert und mit viel Herzblut in Tagebuch-Form geschrieben. Mittlerweile ernähre ich mich größtenteils rohvegan und berichte in diesem Buch über meine ersten Erfahrungen. Seit Frühjahr 2013 bin ich als Vegancoach tätig, lebe in und blogge aus München.

Sonja Reifenhäuser

Ich bin gebürtige Kölnerin und lebe seit 2011 in Berlin. Zu dieser Zeit entstand auch die Idee, das Online Magazin „Deutschland is(s)t vegan" zu gründen, welches sich mittlerweile als ein fester Bestandteil in der veganen Szene etabliert hat. Zusätzlich bin ich Ganzheitliche Ernährungsberaterin und Fachfrau für Bio-Gourmet-Ernährung mit dem Fokus „Vegane Küche". Im Laufe der letzten Jahre habe ich mir ein breites Wissen über rohvegane Ernährung angeeignet und mich auf diesem Wege als „food-coach" selbstständig gemacht.
Man kann mich als Personal-Food-Trainerin und/oder Gastrocoach unter www.food-coach.org buchen.

Vorwort: Zwischen Herd und Reibe

„Nein, ich könnte das nicht."

Das war bislang mein Standardsatz, mit dem ich der immer größer werdenden Zahl der sich rohköstlich ernährenden Menschen begegnete.

„Ich brauche Substanz, Brot und Tofu und Kartoffeln."

Zugegeben, mir läuft allein beim Wort „Kartoffel" schon wieder das Wasser im Mund zusammen. Aber dann bin ich doch etwas stutzig geworden: Wieso lässt mich mein Herd ausgerechnet an dem Tag im Stich, an dem ich begonnen habe, Claudis „Rohvegan" zu lesen?

Wirklich wahr. Er ließ sich nicht mehr anschalten. Vielleicht war er erschrocken, weil ich eben gelesen hatte: „Trau dich und lass die Kochtöpfe im Schrank!" Und dann ist mir auch noch aufgefallen, dass die Küchenreibe wie ganz selbstverständlich zu meinem Lieblingsküchengerät geworden ist. Ich habe mir eine sehr gute zugelegt, da reiben sich Meister Möhre, Rettich und Co fast wie von selbst.

Schließlich bin ich vollends in Claudis Buch abgetaucht. Und siehe da: diese Ernährungswelt ist mir gar nicht so fremd wie ich dachte. Einen Monat lang hat Claudi sich konsequent rohvegan ernährt und sie erzählt so schön und offen davon, dass man das Gefühl hat, dabei zu sein. Hier schreibt keine passionierte Kochbuchautorin. Hier schreibt auch keine Ernährungswissenschaftlerin. Hier schreibt eine von uns und es macht einfach Spaß, ihr zu folgen.

Mein Herd hat sich inzwischen wieder erholt von seinem Schreck. Wir haben uns ausgesprochen und nach einer Weile hat er akzeptiert, dass ich ihn in Zukunft vielleicht etwas seltener benutzen werde. Ich habe ihm einige sehr schöne Stellen aus dem Buch vorgelesen und da hat er schließlich gemeint: „Okay-okay Marsili, ich hab's jetzt kapiert. Lass uns einfach Freunde bleiben."

Und dann hat er meiner Reibe einen seltsamen Blick zugeworfen. Oder täusche ich mich da? Ich werde das Ganze jetzt mal genauer beobachten.

Und euch wünsche ich viel Spaß mit „Rohvegan"!

Marsili Cronberg

Inhalt

I. Einleitung

Vermutlich hältst du dieses Buch in deinen Händen, weil du dich für eine rohvegane Ernährung und deren Hintergründe interessierst. Sofern du beginnen willst, rohvegan zu essen oder einfach mehr Rohkost in deine Ernährung einfließen lassen möchtest, werden dir die Rezepte in diesem Buch einige Anregungen und Hilfestellungen für einen guten Start geben.
Rohvegan – Mein 4-Wochen-Selbstversuch kann dir zeigen, dass vegane Rohkost garantiert mehr zu bieten hat als immer wiederkehrende Salate und langweilige Obstteller.

Auf den folgenden Seiten lasse ich dich an meinen Erfahrungen mit rohveganer Ernährung teilhaben. Trotz anfänglicher Befürchtungen wie ständigem Hunger, möglichem Unverständnis im Freundeskreis und bei Kolleg*innen oder nächtlichen Träumen von Tofu und Tempeh, habe ich einen vierwöchigen Selbstversuch unternommen. Hier geht es also um meine Geschichte und meine Erfahrungen. Deshalb sind die Textteile chronologisch angeordnet.

Ich bin weder Ärztin noch Ernährungsberaterin. Weder übernehme ich Verantwortung für negative Folgeerscheinungen, falls Informationen aus diesem Buch (falsch) angewendet werden, noch beabsichtige ich, medizinische Ratschläge zu geben. Hierfür suche bitte eine*n Arzt*Ärztin, Heilpraktiker*in oder Homöopath*in auf. Ich berichte lediglich darüber, wie sich die rohvegane Ernährung bei mir ausgewirkt hat und wie ich sie erlebe. Ich teile meine Selbsterfahrung und meine Beobachtungen mit dir.

Da ich den ernährungswissenschaftlichen Aspekt meines Experiments jedoch nicht unberücksichtigt lassen wollte, freue ich mich darüber, dass ich die Ernährungsberaterin Sonja Reifenhäuser als Autorin für den ökotrophologischen Teil meines Buches gewinnen konnte.

Viel Spaß beim Eintauchen in meine Welt, beim Zubereiten und vor allem beim Genießen wünscht dir

Claudi

2. Warum vegan?

Nachdem ich erfahren hatte, dass herkömmliche Bolognese, Hamburger und Schnitzel unter anderem aus toten Tieren bestehen, wurde ich bereits mit acht Jahren Vegetarierin. Jedoch kam es mir in den folgenden 20 Jahren nie in den Sinn, den Konsum von Milch, Eiern und anderen tierlichen Produkten zu hinterfragen.

Den Geschmack von Eiern habe ich nie sonderlich gemocht. Nur in verarbeiteter Form, als Süßspeise beispielsweise, störten sie mich nicht. Beim Kuchenbacken habe ich immer darauf geachtet, Bio-Eier von freilaufenden Hühnern zu kaufen. Auch die Milch in meinem Kühlschrank war in Bioqualität. Ich dachte, damit meinen Teil zum Tierwohlsein beizutragen und war davon überzeugt, den Hühnern und Kühen würde es gut gehen. Ist ja alles bio! Ich ahnte nicht, unter welchen Bedingungen und mit welchen Folgen diese Produkte erzeugt werden.

Mein Auslöser, vegan zu werden, war das Buch „Tiere essen" von Jonathan Safran Foer.
Eigentlich habe ich es meinem damaligen Freund geschenkt - er sollte endlich aufwachen und aufhören, Fleisch zu essen. Oder wenigstens das aus Massentierhaltung vermeiden.

Nur hat nicht er „Tiere essen" gelesen, sondern ich. Das Buch und die detaillierten Beschreibungen der Tierausbeutung haben mich wachgerüttelt. Nach und nach habe ich im Internet Videos angeschaut, die Zustände in der Massentierhaltung zeigen. Ich habe Websites, die sich mit Tierrechten beschäftigen, studiert und mir wurde sehr schnell bewusst, dass sich die Tiere aus „Biohaltung" mit denen aus der Massentierhaltung spätestens am Schlachthof wiedertreffen. Ich hatte mir zuvor nie bewusst gemacht, dass für die Milch und die Eier, die ich konsumierte, nicht-menschliche Tiere gefangengehalten werden, oftmals leiden und in jedem Fall letztes Endes genauso umgebracht werden, wie es für den Fleischkonsum der Fall ist. Eine Welle neuer Erkenntnisse brach über mir zusammen und ich konnte einfach nicht mehr wegsehen! Hier einige Fakten, die mir vorher nicht bekannt waren:

- Jedes Jahr werden in Deutschland mehr als 40 Millionen männliche Küken kurz nach dem Schlüpfen aussortiert und umgebracht, da sie keine Eier legen können und somit keinen Nutzen für den Menschen erfüllen.
- Hühner leben i.d.R. unter Bedingungen, die ihren körperlichen Bedürfnissen in keinster Weise gerecht werden, unabhängig davon, ob es um die Hühner geht, die Eier legen, oder um die, welche gehalten werden, um schnell viel Fleisch anzusetzen.
- Kühe werden regelmäßig geschwängert, damit sie Milch geben.
- Neugeborene Kälber werden von ihren Müttern getrennt, damit der Mensch deren Muttermilch konsumieren kann.
- Melkmaschinen rufen bei Kühen häufig unangenehme Euterentzündungen hervor. Ihre Milch enthält dann Leukozyten, die auch als Eiter bezeichnet werden.
- Ich benötige keine Dinge, für die nicht-menschliche Tiere leiden oder sterben müssen, wie Daunen, Leder, Wolle und Seide - von Pelz gar nicht erst zu reden!
- Für ein einziges Kilo „Rindfleisch" werden über 15.000 Liter Wasser benötigt. Mit dieser Menge könnte ich ein Jahr lang täglich duschen! Außerdem werden bis zu 16 Kilo Getreide verbraucht.
- Nur 10 Prozent des weltweiten Sojaanbaus werden direkt zu Lebensmitteln für Menschen verarbeitet – zwischen 80 und 90 Prozent werden für die Tierfutterherstellung ver(sch)wendet!

Einerseits war ich zutiefst erschüttert über die Menschheit und das Grauen, das nicht-menschlichen Tieren täglich angetan wird. Andererseits über mich selbst, dass ich das alles vorher nicht gewusst hatte. Ich verstand, dass ich also die Augen genauso verschlossen hatte wie Fleischesser*innen.
So kam es, dass ich im Januar 2011 das letzte tierliche Produkt konsumierte.

Da war ich nun also vegan. Es ging mir gut, sehr gut. Nach vier Monaten verschwand meine Fruktose-Intoleranz und ich konnte wieder Obst essen. Ich erfreute mich aber auch daran, weiterhin Kekse, Eis, Kuchen, Chips, Gummibärchen, Nudelgerichte, Schokolade, Pizza, Sahne, Aufläufe etc. genießen zu können. Nur eben als vegane Variante. Veganismus hat für mich also keinesfalls etwas mit Verzicht zu tun.

Auch gute Blutwerte und ein gestiegenes Wohlbefinden bestärkten mich in meiner Entscheidung. Ich bin gesund, kenne mich mit Nährstoffen aus, weiß, was mir gut tut und was nicht und habe mich damit beschäftigt, durch welche Lebensmittel ich Eisen, Calcium, Vitamine, Ballaststoffe, Omega-3-Fettsäuren und natürlich Proteine erhalte. Erkältet war ich zuletzt 2010.
Es ging mir jedoch nicht nur darum, altgewohnte und geschätzte Produkte zu ersetzen. Als ich begann, bewusster zu konsumieren, erschienen plötzlich auch andere Produkte und deren Herstellung fragwürdig. Beispielsweise achte ich bei meiner Kleidung nun darauf, dass sie unter fairen Bedingungen hergestellt wurde und kaufe meine Lebensmittel im Bioladen.

Aus den oben genannten Gründen beantworte ich die Frage „Was darfst du denn dann noch essen?" am liebsten mit „Dürfen tue ich alles, ich will nur nicht!". Meinen Entschluss, vegan zu leben, habe ich noch keine Sekunde lang bereut.

An meinem ersten veganen Tag begann ich zu bloggen. Das, was als ein Tagebuch für mich gedacht war, damit ich jederzeit nachlesen kann, wie es mir ging und was ich wann gegessen habe, wurde von anderen Menschen mit Interesse gelesen. Neben vegan lebenden Menschen landeten auch Vegetarier*innen und sogar Fleischesser*innen auf meiner Website.

3. Rohvegan

Ich lebe in München und knüpfte schnell Kontakt zu anderen vegan lebenden Menschen. Dank sozialer Netzwerke wird es immer leichter, andere
Veganer*innen in der Region kennenzulernen. Es gibt Gruppen, Foren und
Websites, die einem die Vernetzung erleichtern. In den meisten Großstädten
finden regelmäßig Brunches, Treffs und Tierrechtsveranstaltungen statt. Ich habe
schnell neue Bekanntschaften geschlossen und mich gut aufgenommen gefühlt.
Endlich war ich nicht mehr alleine auf weiter Flur und traf Menschen, die mich
verstanden.

Und wer läuft mir da plötzlich über den Weg? Menschen, die sich nur von Rohkost ernähren! Auch in meinem veganen Freundeskreis gibt es eine Rohveganerin. Sie trägt daher den Spitznamen „Frau Hase". Ich habe ihre Ernährungsform
vorerst gar nicht detailliert wahrgenommen, sondern lediglich bemerkt, dass sie
beim Essen im Restaurant nichts oder „nur" einen Salat bestellt hat, während
sich der Rest auf veganes Gulasch, gefüllte Tortellini und vor allem Nachspeisen
stürzte. Nach und nach wurde besagte Frau Hase eine gute Freundin und zu-
gleich der Schlüssel zu der mir vorher unbekannten rohveganen Ernährung.

3.1 Was bedeutet rohvegan?

Vegan ist schnell erklärt: als Veganerin esse ich weder Tiere noch Lebensmittel tierlichen Ursprungs. Ich nehme kein Fleisch (d.h. auch keinen Fisch und keine Wurst), keine Tiermilch und daraus gewonnene Produkte wie Käse, Butter oder Sahne, keinen Honig, keine Eier oder Gelatine zu mir. Außerdem trage ich kein Leder, keinen Pelz, keine Seide etc.

Roh bedeutet nun, dass die Lebensmittel, die ich konsumiere, nicht über 42 Grad Celsius erhitzt werden. Rohvegan steht somit für eine vegane Ernährung auf der Basis von frischen oder getrockneten Früchten, Nüssen, Samen, Keimen, Sprossen, Algen und Gemüse.

Daraus ergeben sich viele spannende Zubereitungsmöglichkeiten. Beispielsweise können im Dörrgerät Kräcker, Müsli, Bro(h)te aus gekeimtem Getreide oder Desserts und Pizza hergestellt werden. Ein Mixer oder Pürierstab ist nicht nur für die Herstellung von Smoothies geeignet, es können damit auch Dessertcremes, Dressings, Dips und Soßen zubereitet werden. Beim Zerkleinern von Nüssen, Obst oder Gemüse ist eine Küchenmaschine hilfreich.

3.2 Wie roh ist roh und welche Rohkostform ist für mich die richtige?

Rohkost ist nicht gleich Rohkost. Die Frage, welche Lebensmittel konsumiert werden und wie roh das Essen sein muss, wird unterschiedlich beantwortet.

Schon oft habe ich den Satz „ich ernähre mich zu 98% roh" gehört. Aber was ist damit gemeint? Einige Lebensmittel sind in der Regel immer roh, wenn sie frisch gekauft werden. Hierzu zählen neben Obst und Gemüse auch Kürbiskerne, Leinsamen und Sesam von diversen Herstellern aus dem Biomarkt. Daneben gibt es aber auch solche, die nur auf den ersten Blick roh erscheinen. Einige davon will ich hier nennen.

Lebensmittel	Nicht roh weil?	Rohvegane Alternative
Nüsse, Samen, Kerne	Während des Herstellungsprozesses werden teilweise Temperaturen über 42 Grad Celsius erreicht. Dies geschieht entweder zur Haltbarmachung oder durch den Einsatz von Maschinen, die mechanisch auf die Lebensmittel einwirken (beispielsweise zum Knacken der Nüsse oder zum Pressen der Ölsaaten oder Oliven). Dies gilt leider auch für die meisten „kaltgepressten" Öle.	Erhältlich in gut sortierten Biomärkten (z.B. von „Flores Farm") oder im Rohkostversandhandel.
Öle und Pesto		Öle und Pesto in Rohkostqualität verwenden.
Obst und Gemüse aus Gläsern/ Konserven		Obst und Gemüse frisch kaufen und verarbeiten.
Gewürze, getrocknete Kräuter		Mit frischen Kräutern arbeiten und wg. der Gewürze überlegen, „wie roh" du sein willst. Ich habe sie weiter verwendet.
Soßen und Würzmittel		Nama-Tamari-Soße ist rohköstlich, der Apfelessig vieler Hersteller ebenso. Eine gute Alternative zu Essig ist Zitronensaft.
Zucker		Datteln oder rohköstlicher Agavendicksaft

Lebensmittel	Nicht roh weil?	Rohvegane Alternative
Hefeflocken, Kakao, Kokosflocken, Kokosmus, Senf, Vanilleschoten	Diese Lebensmittel enthalten teilweise nicht-rohköstliche Zutaten oder sind generell nicht oder nur sehr schwer in Rohkostqualität erhältlich.	Bei diesen Lebensmitteln solltest du dir überlegen, „wie roh" du bist. Bestelle sie dir gegebenenfalls im Rohkostversandhandel. Du kannst den Firmen auch selbst Produktanfragen stellen.
Trockenfrüchte	Häufig maschinell getrocknet, wobei hohe Temperaturen erreicht werden. Zusätzlich werden sie teilweise chemisch behandelt.	Viele Trockenfrüchte (z.B. von „Alnatura") sind rohköstlich. Alternativ sind sie im Rohkostversandhandel erhältlich.
Nussmuse	Erreichen während der Herstellung hohe Temperaturen und sind oft gezuckert.	Rohvegane Nussmuse sind im Rohkostversandhandel erhältlich.
Säfte	Auch qualitativ hochwertige Säfte in Bioqualität werden auf über 60 Grad Celsius erhitzt, bevor sie abgefüllt werden.	frisch gepresste Säfte

Wie du siehst, sind es vor allem industriell verarbeitete Lebensmittel, die bei rohveganer Ernährung vom Speiseplan gestrichen werden.
Die Vermeidung der oben genannten Nahrungsmittel haben alle Rohkostformen gemeinsam. Zwischen ihnen bestehen dennoch einige Unterschiede. Drei der bekanntesten Konzepte möchte ich dir hier vorstellen.

80/10/10:
Dieses Konzept wurde von Dr. Douglas Graham entwickelt. Er ist Autor des Buches „80/10/10 Diet". Die Zahlen beziehen sich auf die prozentualen Anteile von Kohlenhydraten (80%), Proteinen (10%) und Fetten (10%) in den täglichen Mahlzeiten. Diese Art der Ernährung wird auch als „low fat raw vegan" (LFRV) bezeichnet.

Urkost:
Urkost ist Rohkost im Sinne des umstrittenen Gesundheitsratgebers Franz Konz. Neben rohem Obst und Gemüse werden bei dieser Ernährungsform vor allem wildgewachsene regionale Kräuter und andere Pflanzen gegessen.
Ich distanziere mich an dieser Stelle von den homophoben und generell menschenfeindlichen Äußerungen dieser Person und kann von einem Kauf seiner Bücher nur abraten.

Gourmet Rohkost:
Die Gourmet Rohkost orientiert sich stark an der klassischen Küche, es werden also hauptsächlich gekochte Gerichte imitiert. Dabei werden die Lebensmittel stärker verarbeitet, d.h. vor allem eingelegt, gedörrt und auf andere Art in Konsistenz und Geschmack verändert. Die meisten Gerichte enthalten sehr viel Fett, die Zutaten sind exklusiv und oftmals teuer. Daher sollte Gourmet Rohkost meiner

Meinung im Alltag die Ausnahme darstellen und bewusst gegessen und genossen werden.

Mir persönlich war es zu anstrengend und kompliziert, mich strikt an die Regeln eines dieser Konzepte zu halten. Ich wollte einfach nur glücklich, satt und zufrieden sein. So beschloss ich, die vier Wochen „Rohvegan à la Claudi" zu leben. Ich habe mich tatsächlich bemüht, Lebensmittel zu vermeiden, die über 42 Grad Celsius erhitzt wurden. Ich habe also keinen Tee getrunken, keine Suppe gekocht und kein kaltgepresstes Olivenöl verwendet. Anstelle von Balsamico habe ich Apfelessig oder frisch gepressten Zitronensaft benutzt. Alle Nüsse, die ich gegessen habe, stammten von Rohkostversandhäusern.

Eine Ausnahme habe ich bei Leinöl gemacht. Zwar wird dies laut Angaben mancher Hersteller im Normalfall nicht über 42 Grad Celsius erhitzt, dennoch können bei der Pressung Temperaturen von bis zu 50 Grad Celsius entstehen. Öl, welches ganz sicher rohköstlichen Ansprüchen genügt, kann natürlich im Rohkostversandhandel bestellt werden.

Nach meiner Testphase habe ich begonnen, durchaus auch wieder Miso, Hefeflocken, Senf, Tamari oder kaltgepresstes Öl und kalt verarbeitetes Pesto (wenn ich es mir nicht selbst mache) zu verwenden. Genau genommen sind diese Lebensmittel nur bedingt oder gar nicht roh, für mich stellen sie aber nur Gewürze oder Zugaben zum eigentlichen Essen dar.

Und diesen Spielraum kannst du dir immer wieder bewusst machen. Letztendlich bestimmst du selbst, „wie roh" du sein willst und welche Lebensmittel für dich in Frage kommen. Du musst natürlich nicht unbedingt in den Wald gehen und Wildkräuter sammeln. Allerdings ist es eine tolle Erfahrung, diese einfließen zu lassen. Du musst kein eigenes Dressing mit ins Restaurant nehmen, aber du kannst es. Die Entscheidung, wie weit du gehen willst, liegt also bei dir.

3.3 Bioqualität und Bezugsquellen für rohköstliche Lebensmittel

Ich habe mein Einkaufsverhalten von konventionell auf bio umgestellt, als ich vegan wurde. Als ich begann, viele Lebensmittel roh zu verzehren, war es für mich ganz klar, dass diese nicht mit Pestiziden belastet sein sollten. So kann ich nun Gurken mit Schale essen, Karotten nur abwaschen und nicht schälen, in einen Apfel nach dem Abwaschen guten Gewissens einfach so hineinbeißen.

Und da war er dann - mein erster rein rohveganer Einkauf. Ich verbrachte gefühlte Stunden in der Obst- und Gemüseabteilung. Dafür konnte ich dann direkt von dort die Kasse ansteuern und den Rest des Angebots links liegen lassen. Ein entspannendes, aber auch ungewohntes Erlebnis, zumal es schon ein wenig Disziplin erforderte, meine Lieblingsprodukte wie Tofu und Co. zu verschmähen.

Lustig waren allerdings die Blicke der Menschen an der Kasse, als sie die riesige Menge unterschiedlichster und vor allem bunt gemischter Früchte und Gemüse sahen. Während meiner rohveganen Zeit kam es vor, dass ich für einen 70 Euro-Bioeinkauf (der eine Woche lang hält) fünf Minuten lang die Kasse belegt habe.

Neu entdeckt habe ich auch Wochenmärkte. Leider gibt es in meiner Heimatstadt München nicht viele mit Bioprodukten. Vielleicht ist das in deiner Region aber anders? Der Vorteil: die Produkte sind meist frischer und regional.

Neben Obst und Gemüse benötigte ich nach meiner Umstellung etwas speziellere Lebensmittel, die nicht in jedem Supermarkt zu finden sind. Also machte ich mich darüber schlau, wo ich beispielsweise rohe Nüsse, rohes Kakaopulver, Chia-Samen oder ähnliche Dinge finde. Was ich nicht vor Ort kaufen kann, bestelle ich im Rohkostversandhandel.

Lange Rede, kurzer Sinn: Auch das Einkaufen wird neu und anders. Freue dich drauf!

4. Gesundheitliche Vorteile einer rohveganen Ernährung

Hohe Nährstoffaufnahme durch Rohkost

Wir Menschen unseres Kulturkreises kochen in der Regel unser Essen – und das schon ziemlich lange. Um es schmackhafter zu machen - so denken wir - um uns etwas Gutes zu tun, um in einem kultivierten Miteinander zusammen zu genießen und um uns von Innen heraus zu wärmen. Das, so Wissenschaftler*innen, war der Hauptgrund, warum wir anfingen, unser Essen zu erhitzen: weil wir entsetzlich froren – das war vor 20.000 Jahren. Um mehr Energie aus den Lebensmitteln, damals hauptsächlich Fleisch und Knochen, zu bekommen und sie verdaulicher zu machen, begannen wir, diese zu kochen – selbstverständlich nachdem wir das Töpfern und Feuermachen erlernten. Was uns damit aber abhanden kam, war der hohe Nährstoffanteil, der in rohen Lebensmitteln enthalten ist. Eiweiß denaturiert bei rund 40° C, was eine strukturelle Veränderung von Biomolekülen und somit ein Verlust an Mineral- und anderen Vitalstoffen bedeutet, deshalb ist Fieber über 40° C auch so alamierend für uns Menschen.

Ebenso spielt auch bei Vitaminen das Erhitzen eine große Rolle. Der Mythos von einer „Heißen Zitrone" bei Erkältung hat sich durchgesetzt und so greifen wir schnell zu eben dieser scheinbar richtigen Naturmedizin, wenn es uns schlecht geht. Das Vitamin C gar nicht hitzebeständig und somit nicht mehr im Getränk enthalten ist, wenn wir die Zitrone mit heißem Wasser übergießen, weiß kaum jemand. Anders verhält es sich bei einer rohveganen Ernährung, hier werden die Lebensmittel nicht über 40 - 42° C erwärmt. Durch den rohen

Verzehr bleibt die biologische Funktion der Vitamine und Mineralstoffe erhalten, egal ob wir uns einen Smoothie aus Wildkräutern und Obst herstellen, Gemüse frisch vom Markt oder aus dem eigenen Garten zu uns nehmen oder unser Brot in einem Dörrgerät bei unter 40 - 42°C selbst herstellen – das was unser Stoffwechsel aus dieser Ernährungsweise zieht, hat einen hohen vitalstoffreichen Wert und so fühlen wir uns bei dieser Art der Ernährung schnell energiereicher, kraftvoller und gesünder.

Vitamin D - Calcitriol

In unseren Breitengraden kann es gerade in den Wintermonaten schnell zu einem Vitamin D-Mangel durch zu wenig Sonneneinstrahlung kommen, denn Vitamin D wird zu rund 90 % durch UV-Bestrahlung der Haut im Körper selbst gebildet. Um diesem Mangel vorzubeugen, nehmen viele Veganer*innen Vitamin-D Präparate zu sich. Aber auch auf natürliche Weise kann einem Mangel vorgebeugt werden. Vitamin D kommt hauptsächlich in tierlichen Produkten wie Leber, Milch, Eigelb, Butter und Fisch vor. Allerdings haben Tierproteine die Eigenschaft, das Vitamin D zu blockieren und den Körper zu übersäuern. Ebenso hemmt eine hohe Kalziumaufnahme, z.B. durch täglichen Milchkonsum, die Vitamin D-Aufnahme. Im Umkehrschluss kann der Körper nur Kalzium aufnehmen und verwerten, wenn genügend Vitamin D zur Verfügung steht.

Ein bewusster Umgang hierbei ist ratsam, um einer Mangelerscheinung vorzubeugen. Ich habe genügend natürliche Quellen, um Vitamin D täglich zu mir zu nehmen. Beispielsweise haben Shiitake, Morcheln, Steinpilze, Champignons und Avocados einen hohen Anteil an Vitamin D. Auch in vielen Wildkräutern ist das Vitamin enthalten, Löwenzahn, Brunnenkresse, Johanniskraut und Brennnessel sind besonders reichhaltig. Brennnessel wächst ganzjährig und ist ein super

Lieferant von Vitamin D – ich pflücke sie meist bei einem Spaziergang oder der morgendlichen Joggingrunde und verarbeite sie sofort zu Hause im Mixer für meinen Smoothie. Zusätzlicher Effekt des Krauts ist die verstärkt stattfindende Entgiftung in Nieren und Leber. Ebenso bietet sich Salzgras für die Vitamin D-Aufnahme an. In immer mehr Bioläden und veganen Onlineshops wird diese Meeresalge mittlerweile angeboten. Ich mische sie unter den Salat oder gebe sie ebenfalls zum Smoothie. Algen im allgemeinen, wie Spirulina, Chlorella oder Rotalge, enthalten gespeichertes Vitamin D und haben nebenbei einen sehr hohen Entgiftungseffekt.

Vitamin B12

Was ist eigentlich B12? Vitamin B12 wird von Mikroorganismen wie Algen oder Bakterien hergestellt und gehört zu den sogenannten essentiellen, also lebensnotwendigen, Vitaminen, die der menschliche Körper nicht selbst produzieren kann. B12 ist notwendig für viele Stoffwechselabläufe im Körper, wie z.B. Zellteilung und Blutbildung. Entgegen früherer Annahmen kann das Vitamin bei Veganer- oder Rohveganer*innen nicht einfach durch Algen wie Spirulina oder Chlorella aufgenommen werden. Das auf den Algen vorkommende B12 ist ein Analog und hat nur die Struktur des richtigen Vitamins, kann aber nicht vom Körper verwertet werden. In tierlichen Produkten ist B12 übrigens nur enthalten, weil es dem Futter der Nutztiere zugefügt wird. Denn auch diese können, wie wir Menschen, kein eigenes B12 im Darm herstellen. Tiere in freier Wildbahn nehmen über ungewaschenes Futter, Erde, Dreck und kleine Insekten die B12 - Mikroorganismen auf, welches sich dann in Fleisch, Milch, Eiern etc. absetzt. Dennoch gibt es für mich trotz des Verzichtes auf rohes Fleisch und Fisch Möglichkeiten, B12 aufzunehmen, denn viele Sojaprodukte sind unter anderem mit B12 angereichert. Auch Sanddorn und Sauerkraut enthalten einen hohen

Anteil. Tatsächlich ist es für mich in unseren Breitengraden etwas komplizierter, genügend Vitamin B12 zu mir zu nehmen. Die Aufnahme ist abhängig von einer gesunden Darmflora und, wie oben schon erwähnt, der ausreichenden Kombination mit Vitamin D bzw. Sonnenlicht. Mit ausreichend sind tägl. 15 Minuten an der frischen Luft gemeint - auch wenn es bewölkt erscheint, gehe ich raus und stocke meine Speicher auf.

Bei Verzicht auf tierliche Produkte wird eine Supplementation von Vitamin B12 empfohlen. Viele Menschen, die sich vegan oder rohvegan ernähren, greifen deshalb auf B12- Präparate wie Spritzen, Tropfen oder B12- Zahnpasta zurück. Die Supplementation ist jedem selbst überlassen - ein jährlicher Check beim Hausarzt*Hausärztin ist aber anzuraten.

Säure-Basen-Haushalt

Eine rohvegane Ernährung hilft mir dabei, wieder einen gesunden Säure-Basen-Haushalt in meinem Körper herzustellen. Das ist ein Thema, welches leider in der heutigen Zeit oftmals vernachlässigt wird. Durch einen hohen Säure-Anteil im Körper können im Laufe unseres Lebens viele Krankheiten entstehen, wie z.B. Karies, Diabetes oder Krebs. Um gesund zu bleiben, benötigt unser Körper einen ausgeglichenen pH-Wert von um die 7,0.
Durch Stress und die Aufnahme von Kaffee, Alkohol, Zigaretten, tierlichen Fetten und Industriezucker reagiert der Körper mit erhöhter Säurebildung (leicht nachzumessen mit pH-Streifen aus der Apotheke). Um dem Körper wieder ein basisches Milieu zurückzugeben, ist es ratsam, auf oben aufgezählte Lebensmittel weitestgehend zu verzichten, genügend Obst, Gemüse und Kräuter zu sich zu nehmen und natürlich möglichst entspannt zu leben.

Ein Spitzenreiter bei basischer Ernährung ist z.B. Spinat. Er wird mit einem pH-Wert von +14 intensiv basisch verstoffwechselt. Was Kohlenhydrate angeht, ist Hirse einer der basischen Top-Lieferanten – zusätzlich enthält Hirse noch Silizium, welches uns gesunde und schöne Haut, Haare und Nägel beschert.

Durch einen hohen Basenhaushalt, können wir sogar unserem Bindegewebe etwas Gutes tun, Entzündungen heilen schneller ab und wir leiden weniger an Sodbrennen und Reizdarm.

Grundregeln bei der Umstellung auf rohvegane Ernährung

Um dem Körper weiterhin bei einer gesunden und natürlichen Entgiftung zu helfen, sollte bei einer Ernährungsumstellung auf einige Regeln geachtet werden:

- Sorgfältiges Kauen und Einspeicheln hilft dabei, schon im Mund Enzyme zu bilden, die bei der Verdauung genutzt werden können und den Magen/Darm entlasten.

- Um Belastungen durch Pestizide und andere schädliche Einflüsse zu entgehen, empfiehlt es sich, so natürlich und ursprünglich zu essen wie nur möglich und seine Lebensmittel am besten selbst anzubauen oder bei einem*einer Biobauern*Biobäuerin seines Vertrauens einzukaufen. Ist dies nicht möglich, ist der Bioladen natürlich eine sinnvolle Alternative.

- Ausreichend trinken! Nur so können die Gifte und Stoffwechselprodukte auch aus dem Körper transportiert werden.

Sonja Reifenhäuser

5. Mein Selbstversuch

In meiner Anfangszeit war oben erwähnte Frau Hase die einzige Rohveganerin, die ich in Natura kannte. Ähnlich wie bei meiner Umstellung von vegetarisch auf vegan fing ich an, auf Webseiten zu stöbern und YouTube-Kanäle zu abonnieren. Ich habe den Eindruck, dass die Rohkostszene in den USA schon einen Schritt weiter ist als in Europa. Die deutschsprachige Community wächst jedoch ständig.

So findet beispielsweise mehrmals jährlich die Rohvolution statt. Dies ist eine Fachmesse, auf der vieles probiert werden kann und bei der unter anderem auch die aus dem Internet bekannten Gesichter anzutreffen sind.

Erfahrungsberichten zufolge erleben viele Menschen durch rohvegane Ernährung eine Art „Glow"-Effekt und geben an, sie würden von innen heraus leuchten. Viele kommen angeblich mit weniger als fünf Stunden Schlaf pro Nacht aus und berichten, sie seien agiler und könnten im Sport bessere Leistungen erzielen. Nach dem Essen falle die Müdigkeit weg, die Verdauung funktioniere besser, sie würden seltener krank. Mein Interesse war geweckt! Ich wollte mich nicht nur auf das Urteil anderer verlassen und beschloss, mich selbst vier Wochen lang rohvegan zu ernähren.

5.1 Meine Sorgen und Vorab-Gedanken

Ich muss gestehen, dass ich vor dem Experiment schon einige Bedenken bezüglich einer rohveganen Ernährung hatte. Im September 2011 hatte ich bereits einen Versuch unternommen. Ich dachte mir, ich könnte mich von null auf hundert rohvegan ernähren - das ging leider so richtig daneben! Ich habe viel zu wenig gegessen, mir war ständig kalt, ich war total unzufrieden und ständig hungrig, weshalb ich nach drei Tagen aufgab. Diese Dinge wären mit einer guten Vorbereitung vermeidbar gewesen, weshalb ich dir an dieser Stelle ein paar Tricks verraten will, die dir den Einstieg erleichtern und eventuelle Zweifel nehmen sollen.

Ich friere häufig und war mir sicher, dass ich den Rohkostmonat nur mit fünf Klamottenschichten überstehen könnte. Dann habe ich jedoch etwas über in der traditionellen chinesischen Medizin (kurz TCM) und ayurvedischen Ernährung bekannte, wärmende (z.B. Zimt, Ingwer und Chili) und kühlende (z.B. Gurken und Zitrusfrüchte) Lebensmittel gelernt und durch ihre Verwendung meine vier Rohkostwochen ohne Gänsehaut und Zittern erlebt. An kalten Tagen habe ich beispielsweise die Zitrone im Smoothie weggelassen und mir Zimt in ein Glas Wasser gegeben. Mir ist bewusst, dass es bei 20 Grad minus vermutlich nicht viel hilft, aber im März war das eine gute Unterstützung. Vielleicht aber auch ein Placeboeffekt? Ausprobieren schadet nicht, mir hat es jedenfalls sehr gut getan.

Außerdem hatte ich die Sorge, dass ich in der Zeit meines Versuches von ständigem Hunger und Appetit auf Naschereien geplagt würde. Ich stellte mir vor, wie ich nachts von gebratenem Tempeh träumen würde, weil ich hungrig zu Bett gegangen wäre. Schon nach kurzer Zeit wurde mir allerdings klar, dass auch diese Angst unbegründet war. Ich lernte neue Lebensmittel und neue Arten, diese zuzubereiten, kennen und musste nie mit hungrigem Bauch durch die Weltgeschichte spazieren.

Am meisten zu kämpfen hatte ich vorab aber mit mir selbst und dem Gedankengang „ich darf dann ja gar nichts mehr". Als mir klar wurde, welche Lebensmittel plötzlich wegfallen würden, war ich zuerst geschockt. Daher habe ich auch beschlossen, die Umstellung auf rohvegan langsam und über einen längeren Zeitraum hinweg vorzunehmen. Außerdem hat es mir geholfen, mir selbst vor Augen zu führen, dass ich mich aus freien Stücken für eine rohvegane Ernährung entschieden habe und mein Experiment jederzeit abbrechen könnte, wenn ich wollte.

Aber was würden „die anderen" sagen? Familie, Freund*innen, Kolleg*innen? Ich neige dazu, mir immer wieder Gedanken darüber zu machen, was andere von mir halten oder darüber denken, was ich tue. Als Veganerin werde ich aber ohnehin häufig von Kolleg*innen und Bekannten mit Fragen und Kommentaren bezüglich meiner Ernährung und meiner Art zu leben konfrontiert. In dieser Hinsicht war ich also schon gewappnet! Argumente hatte ich ja genügend. Also beschloss ich auch jetzt mutig zu sein und meinen Weg zu gehen. Es stellte sich zudem heraus, dass wirklich nur die Menschen, die gezielt nachfragten, etwas von meiner Ernährungsumstellung mitbekommen haben. Von diversen Reaktionen berichte ich in Kapitel 7.

5.2 Vorbereitungen

Wie bereits erwähnt: im September 2011 habe ich vom einen auf den anderen Tag probiert, mich rohköstlich zu ernähren und nach nur drei Tagen total überfordert aufgegeben. Das sollte nun anders werden und nach ein paar Gesprächen mit anderen Rohköstler*innen stellte sich heraus, dass ich es besser langsam angehen lassen sollte.

Was habe ich also getan um mich auf meinen Selbstversuch vorzubereiten?

5.2.1 Meine Recherche: Bücher- und Internettipps

Zunächst habe ich die Bücher „Rohköstliches" von Christine Volm und „Heile dich selbst" von Markus Rothkranz gelesen. Mittlerweile empfehle ich allerdings eher folgende Titel:

1.) „Living Raw" (auch auf deutsch erhältlich „Rohköstlich leben")
   von Mimi Kirk
2.) „Going Raw" von Judita Wignall
3.) „Meine liebsten Wildpflanzen - rohköstlich" von Dr. Christine Volm

Viele wertvolle Informationen und Rezepte zu rohköstlicher Ernährung sind auch im Internet zu finden. Hilfreiche Links und weitere Buchtipps findest du im Anhang.

5.2.2 Welche Küchengeräte sind hilfreich?

Was du außerdem spätestens jetzt in Betracht ziehen solltest, ist die Anschaffung eines leistungsfähigen Mixers oder zumindest Pürierstabes. Ausschlaggebend ist letzten Endes die Leistung deines Geräts, es kommt auf die Watt- und Umdrehungszahl sowie auf die Schärfe der Klingen an. Je mehr Watt dein Mixer oder Pürierstab hat, desto besser lässt sich damit arbeiten. Wofür ein solches Gerät nützlich ist, erfährst du im Smoothie-Kapitel.

Ein guter Vierkantgemüsehobel und Sparschäler sind auch nützlich, ebenso mindestens ein scharfes kleines und ein scharfes großes Messer sowie ein gutes

Schneidebrett. Für Gemüsenudeln würde ich dir einen Spirali empfehlen, hier gibt es verschiedene Modelle. Alles, was nicht flüssig ist (z.B. Kuchenböden, Pesto, Aufstriche), stelle ich mit einer Küchenmaschine her. Diese sind ab 50 Euro erhältlich.

Ein Keimglas für deine hauseigene Sprossenzucht (oder falls du Getreide ankeimen lassen willst) bekommst du für ca. fünf Euro im Biomarkt und in einigen Drogeriemärkten. Ich besitze drei Keimgläser, so kann ich diverse Sprossen parallel keimen lassen.

Kresse kaufe ich nicht mehr, sondern lasse sie selbst wachsen. Einfach ein Küchenkrepp in eine kleine Schüssel legen, darauf dünn und breit gefächert Kresse-Samen verstreuen und jeden Tag wässern. Nach nur vier Tagen kann die Kresse verwendet werden. Sie eignet sich hervorragend als Zutat in Smoothies oder als Beigabe zu Salaten und enthält viel Folsäure.

Um Lebensmittel schonend zu trocknen, ist ein Dörrgerät sinnvoll. Es eröffnet weitere Möglichkeiten, einen rohköstlichen Speiseplan zu bereichern. Immer wieder wird für die Herstellung von Getrocknetem auch der Küchenherd empfohlen. Ich habe mich jedoch bei einem befreundeten Elektriker erkundigt und mit Schrecken erfahren, dass sich die Geräte in ihrem Stromverbrauch stark unterscheiden. Ein Dörrgerät ist wesentlich ökologischer und kostengünstiger.

Für eine Erstausstattung empfehle ich also auf einen Blick:

- einen Mixer/Pürierstab
- einen Vierkanthobel
- einen Sparschäler
- ein scharfes kleines Messer
- ein scharfes großes Messer
- ein Schneidebrett
- einen Spirali
- eine Küchenmaschine
- Keimgläser
- ein Dörrgerät

Übrigens: einen Teil meiner Ausstattung habe ich mir von meiner Oma oder Mama geborgt. Oft sind in Küchen von Verwandten, Bekannten und Freund*innen Dinge enthalten, die selten benutzt werden.

5.2.3 Die Umstellung

Aus Erfahrung kann ich sagen, dass es sehr entspannend und auch nachhaltiger sein kann, nicht direkt vom einen auf den anderen Tag ausschließlich roh zu essen. Für meinen Selbstversuch hatte ich mir daher einen Fahrplan überlegt, der mir eine Übergangsphase von zwei Wochen einräumte.

In der ersten Woche habe ich mein tägliches Frühstück durch einen Smoothie ersetzt, die anderen beiden Mahlzeiten jedoch dazu genutzt, nicht-rohkostkompatible Reste aufzubrauchen. Den grünen Smoothie am Morgen habe ich auch nach der streng rohveganen Zeit beibehalten. Schon in dieser Woche habe ich begonnen, Zucker und Getreide nach und nach zu streichen. In der zweiten Übergangswoche habe ich zusätzlich mal das Mittag- und mal das Abendessen roh zubereitet. So war ich weiterhin flexibel und konnte für den Fall, dass ich mit Freund*innen oder Verwandten auswärts gegessen habe, die rohe Mahlzeit entsprechend legen. Also habe ich in der zweiten Woche täglich zwei von drei Mahlzeiten roh gegessen.

Mittlerweile hatte sich auch die Vorfreude auf den Selbstversuch so sehr gesteigert, dass ich gar nicht mehr warten wollte und in der dritten Woche komplett auf rohvegane Ernährung umgestiegen bin. So würde ich es auch jedem empfehlen, denn mir ging es sehr gut dabei, ich bin total motiviert und neugierig in die erste meiner vier Testwochen gestartet.

Auf geht's – it's raw vegan time! Volle Blumenpower voraus!

5.3 Grün, grün, grün – warum Smoothies so wichtig sind

An meinen ersten beiden rohveganen Tagen habe ich nur Smoothies zu mir genommen, um meinen Körper zu entlasten. Doch was ist ein Smoothie und was ist so toll daran?

Der Begriff Smoothie ist vom englischen Wort smooth (dt. „glatt", „cremig") abgeleitet und bezeichnet ein Fruchtgetränk, dass aus der gesamten Frucht (meistens, aber nicht unbedingt ohne Kern und Schale) gemacht wird und dementsprechend einen höheren Nährstoffgehalt hat als Säfte (besonders gekaufte).

Und warum soll es besser sein, einen Smoothie zu trinken, als die Früch-te einfach so zu essen?

Weil mein Mixer für mich kaut. Und der kann das viel besser als ich. Hört sich lustig an, stimmt aber. Durch das gründliche Zerkleinern der grünen Blätter werde ich mit allen notwendigen Stoffen (hier sind sie – die Proteine!) versorgt. Der Körper kann grünes Blattgemüse besonders gut verarbeiten, wenn ich es ihm „vorgekaut" gebe. Bestenfalls sind die grünen Blätter so sehr zerkleinert, dass du sie nicht mehr erkennen kannst. Es sollte sich um eine leckere grüne Suppe handeln. Du wirst nach einem Smoothie nicht müde und die wichtigen Inhaltsstoffe gelangen sofort in die Blutlaufbahn, ohne dass dein Körper mit der Verdauung arg belastet wird.
Bitte denke jedoch daran, trotzdem gut einzuspeicheln, da die erste Verdau-ungsstufe bereits im Mund stattfindet. Nicht umsonst heißt es „gut gekaut, ist halb verdaut!".

Um einen tollen Smoothie herzustellen, brauchst du nicht zwingend einen Hoch-leistungsmixer, er erleichtert die Zubereitung aber immens. Mein Bruder macht sich seine Smoothies mit einem Aufsatz vom Pürierstab, der einer Küchenmaschi-ne gleicht. Eine Freundin hat einen Standmixer, der etwas über 100 Euro gekos-tet hat, und kommt damit gut zurecht. Je mehr Leistung dein Mixer hat, desto schneller geht die Verarbeitung und umso cremiger wird der Smoothie. Für einen Selbstversuch lohnt es sich aber meiner Meinung nach nicht, Unmengen an Geld in einen Mixer zu investieren.

Im Rezeptteil findest du Zubereitungsvorschläge und Erklärungen zu den essenti-ellen Zutaten eines Smoothies. Ich möchte dieses grüne Wunder auf keinen Fall mehr missen. Wie bereits gesagt, besteht mein tägliches Frühstück auch heute noch aus einem Liter grünen Smoothie – so werde ich versorgt mit Eisen, Proteinen, Vitaminen, Ballaststoffen und allem, was mein Körper sonst braucht. Hinsichtlich des Nährstoffgehalts und Geschmacks ist es am besten, wenn du deinen Smoothie sofort nach dem Mixen trinkst.

Soweit zur Theorie. Die Praxis sieht aber anders aus. Meine Nachbarn würden mich gedanklich umbringen, wenn ich morgens um halb sechs meinen Mixer anschalte! Deshalb mixe ich mir meinen Smoothie schon am Vorabend und stelle ihn in einer Glasflasche in den Kühlschrank. An dieser Stelle bitte Finger weg von Plastikflaschen, sie enthalten viele schädliche Substanzen. Falls du keine geeignete Glasflasche zur Hand hast, kannst du auch ein Glas mit Schraubverschluss nehmen. Theoretisch ist dein Smoothie drei Tage im Kühlschrank haltbar. Er setzt sich allerdings ab (unten Saft, oben Trester) und ist nährstofftechnisch bei weitem nicht so gut verwertbar wie frisch. Das solltest du bedenken. Jedoch finde ich: lieber ein Smoothie, der zwei Tage alt ist, als kein Smoothie!
Noch ein Tipp zum Abschluss: Falls du zur Abwechslung mal lieber einen Saft anstelle eines Smoothies trinken willst, z.B. weil er noch leichter zu verdauen ist, lege dir einen Nussmilchbeutel als Filter zu. Diesen bekommst du für wenige Euro bei allen Rohkostversandhäusern. Wenn du den Smoothie hindurchlaufen lässt, werden die Feststoffe zurückgehalten, der sogenannte Trester bleibt im Nussmilchbeutel zurück.

5.4 Ein typischer Tag: Frühstück, Mittag, Abendessen

Wie sieht so ein Rohkosttag bei mir aus? Ich habe während des Selbstversuchs ein Mahlzeiten-Tagebuch geführt, um mich auch später noch daran erinnern zu können, was genau ich gegessen habe. Damit du eine ungefähre Vorstellung von meinem Essensplan bekommst, zeige ich dir an dieser Stelle, was ich an zwei beispielhaften Tagen so gefuttert habe.

Beispiel Tag 1:

Frühstück: Grüner Smoothie aus Spinat und Orange
Zwischendurch: Banane, Apfel
Mittag: Grüner Salat mit Avocado, Champignons und Kräutern.
Dazu: Apfelessig-Leinöl-Dressing
Zwischendurch: Datteln
Abendessen: Zucchininudeln mit Tomatensoße
Genascht: Rohköstliche Schokolade

Beispiel Tag 2:

Frühstück: Grüner Smoothie aus Mangold und Banane
Zwischendurch: Feigen
Mittag: Zucchininudeln mit Tomatensoße (Rest vom Abendessen des Vortages) oder Gefüllte Paprika mit Zucchini- und Brokkolicreme
Zwischendurch: Birne, Apfel
Abendessen: Rucola und Feldsalat mit getrockneten Tomaten

Du siehst: Ich hab nicht peinlich genau darauf geachtet, was ich wie kombiniere und trotzdem ging es mir blendend. Auch die häufig empfohlene vierstündige Verdauungspause gab es bei mir selten, weil ich zwischendurch immer genascht habe. Natürlich nicht etwa Weingummi oder Kartoffelchips, sondern gesunde Snacks wie Nüsse, Trockenfrüchte oder Obst. So habe ich es geschafft, nicht plötzlich wahnsinnigen Hunger zu kriegen und an der nächsten veganen Burgerbude Halt zu machen. Mein Tipp lautet also: essen, essen, essen! Hab' am besten immer was dabei! Seien es Datteln, die du leicht transportieren kannst oder ein Rohkostriegel, den es im Rohkostversandhandel oder in gut sortierten Biomärkten zu kaufen gibt. Du solltest dich immer richtig satt essen, nichts ist schlimmer als hungrig vom Tisch aufzustehen.

Außerdem bereite ich gerne mehr Essen zu, als ich während einer Mahlzeit essen kann. Die Reste vom Abendessen kann ich dann am nächsten Tag mit zur Arbeit nehmen. Mit den im Buch enthaltenen Gerichten erhältst du einige Ideen, die dir hoffentlich den Spaß an der rohveganen Kost nahebringen. Also: Ran an den Spirali!

5.5 Wasser!

Wasser ist am Großteil der Prozesse beteiligt, die in uns ablaufen. Ohne das kühle Nass funktioniert der Körper nicht richtig. Daher ist meine Devise: trinken, trinken, trinken! Den Plastikflaschen-Wahnsinn unterstütze ich schon lange nicht mehr und Glasflaschen finde ich in der Regel zu schwer. Ich kaufe daher so gut wie nie Wasser, sondern nutze das, was bei mir aus der Leitung kommt. Leitungswasser schmeckt mir fabelhaft und ich bin davon überzeugt, dass es weniger Keime und Bakterien enthält als seine Kollegen, die Hunderte von Kilometern an Transport hinter sich haben. Davon abgesehen ist es eines der bestkontrollierten Lebensmittel. Beim Essen trinke ich allerdings in der Regel nicht, weil dies die Magensäure am „arbeiten" hindert. Ich nehme einige Zeit vor dem Essen und dann erst wieder danach Getränke zu mir.

Bevor ich vegan wurde habe ich alles Mögliche getrunken. Cola light, Eistee, Wasser mit Fruchtgeschmack, Apfelschorle, Spezi, Multivitaminsäfte, Wasser mit Kohlensäure. Dann habe ich gelernt, dass viele Säfte (und auch Weine) mit Gelatine geklärt werden. Und schon ist mir der Appetit vergangen. Gelatine ist in meinen Augen eines der widerwärtigsten Nebenprodukte der Tierausbeutungsindustrie.

Eine kurze Definition: Gelatine ist eine "aus Knochen und Häuten hergestellte leimartige Substanz ohne Geschmack."

Das weiß ich schon lange und habe schon als Vegetarierin keine Gummibärchen oder Obstkuchen mit Gelatine-Schicht mehr gegessen. Durch Produktanfragen und Internetrecherche habe ich als Veganerin schnell gelernt, welche Getränke vegan sind und welche nicht. Zusätzlich habe ich mich auf Fairtrade-Kaffee mit Pflanzenmilch und diverse Bio-Tees gestürzt. Da bekanntlich weder Kaffee oder Tee noch die industriell produzierten Säfte roh sind, wollte ich hierfür Alternativen finden. Ein Beispiel ist der Carob-Dattel-Drink, den du in den Rezepten findest und den ich dir an dieser Stelle empfehlen kann. Daneben gibt es auch die Möglichkeit, Wasser geschmackvoll und abwechslungsreich zu gestalten. Mit Zitrone, Gurke, Orange, Ingwer, Basilikum, Erdbeeren, Himbeeren, Brennnessel oder Minze kannst du dein Wasser „pimpen". Jeder Liter wird anders schmecken und ist nicht nur herrlich natürlich, sondern kommt auch ganz ohne Chemiekeulen aus. In diesem Sinne: Guten Durst!

6. Rezepte

Einige Hinweise, bevor es losgeht:

Salz und Zucker:
Bewusst habe ich während meines vierwöchigen Experiments auf Salz verzichtet. Die Rezepte enthalten bewusst kein Salz, hier hat jeder Mensch eigenes Empfinden. Kurz und knapp in meinen Worten erklärt: Salz trocknet den Körper aus, und ist schlichtweg nicht notwendig. Du wirst durch Gemüse und Obst mit den notwendigen Mineralien versorgt. Solltest du Salz verwenden wollen, dann greife bitte auf hochwertiges zurück. Natürlich kannst du alle Gerichte salzen und würzen, viele Rohköstler tun dies. Ich verwende mittlerweile gar kein Salz mehr, auch wenn ich mittlerweile wieder koche.

Zucker ist im Gegensatz zu Salz i.d.R. nicht rohköstlich. Verwendet werden als vegane Alternativen Datteln oder Agavendicksaft.

Lebensmittel aus dem Biomarkt, welche ich verwendet habe, da sie laut Produktanfragen an den jeweiligen Hersteller rohköstlich sind:

Sonnengetrocknete Tomaten von Rapunzel
Leinöl und Apfelessig von Alnatura
Kürbiskerne der Marke dennree
Leinsamen und Sesam von Alnatura und Rapunzel
Kalt verarbeitetes Pesto von „bio verde"

Zutaten:

50 g getrocknete Tomaten,
1 Handvoll Austernpilze,
1 Avocado, Oregano

Menge: ein 350 g-Einweg-Glas

Küchengeräte: Mixer

| 1 | 1 | Oregano |

Weiche die getrockneten Tomaten mindestens 30 Minuten lang in Wasser ein und spüle sie durch. Wasche die Austernpilze und entferne den Strunk. Schäle und entkerne die Avocado und vermische ihr Fruchtfleisch mit allen restlichen Zutaten im Mixer, bis sich eine feine Konsistenz gebildet hat.

Tipps von Claudi: Um zu vermeiden, dass der Aufstrich braun wird, zeitnah verzehren oder mit dem Avocadokern aufbewahren.

Avocadocreme

Zutaten:

100 g getrocknete
Tomaten, 2 Avocados,
2 Schalotten, Saft einer
Zitrone, Cayennepfeffer
oder Paprika edelsüß

Menge:
zwei 350 g-Einweg-
Gläser

Küchengeräte: Mixer

| 1 | 1 | Cayenne-pfeffer, Paprika edelsüß |

Weiche die getrockneten Tomaten mindestens 30 Minuten lang in Wasser ein und
spüle sie durch. Schäle und entkerne die
Avocado, schäle und viertele die Schalotten. Vermixe beides mit den restlichen
Zutaten, bis sich eine feine Creme gebildet
hat. Je nach dem, wie scharf es sein darf,
kannst du dabei Cayennepfeffer oder edel-
süßes Paprikapulver verwenden.

Tipps von Claudi: Um zu vermeiden, dass
die Creme braun wird, zeitnah verzehren
oder mit einem Avocadokern aufbewahren.

Cashewäse

Zutaten:

300 g Cashewkerne,
2 Schalotten, Saft einer Zitrone,
100 ml Wasser, frische Petersilie
und Schnittlauch

Menge: ein 350 g-Einweg-Glas

Küchengeräte: Mixer, feines
Metallsieb (alternativ: Nuss-
milchbeutel oder Geschirrtuch),
Schüssel

3   1   Cashewkerne

Schäle die Schalotten. Mixe alle Zutaten, bis sich eine feine Konsistenz gebildet hat. Platziere ein feines Metallsieb über einer Schüssel, gib die Masse in das Sieb und belasse sie dort für ein bis zwei Tage, bei warmen Temperaturen am besten im Kühlschrank. Alternativ zum Sieb kannst du einen Nussmilchbeutel oder ein Geschirrtuch verwenden. Füge anschließend die gewaschenen und kleingeschnittenen Kräuter hinzu.

Tipps von Claudi: Falls du ihn nicht gleich isst, kannst du den Cashewäse in einem Glas im Kühlschrank aufbewahren.

Claudis Dressing-Ideen

Zutaten:
siehe Text

Menge:
jeweils für 1 große
Portion Salat

Küchengeräte:
Pürierstab,
kl. Schneebesen

1

1

Feigen, Öl, Sesam,
Gewürze

Feige-Rhabarber: 4 Feigen, 1 Rhabarberstange, 100 ml Wasser, 1 MSP Zimt
Schäle den Rhabarber und püriere ihn zusammen mit den anderen Zutaten.

Mandel-Orange: 1 EL Mandelpüree, 1 Glas Orangensaft, 1 MSP Vanillemark
Verrühre alle Zutaten mit einem Schneebesen oder einer Gabel.

Zitrone-Olivenöl: Saft einer Zitrone, 1 EL Olivenöl, 1 TL Agavendicksaft
Verrühre alle Zutaten mit einem Schneebesen oder einer Gabel.

Tomate-Nektarine: 1 Tomate, 1 Nektarine, 1 MSP Paprika edelsüß
Entkerne die Nektarine und püriere sie zusammen mit den anderen Zutaten.

Sesam-Zitrone: 2 EL Sesam, Saft einer Zitrone, 1 MSP gelbes Currygewürz
Vermische alle Zutaten mit einer Gabel oder einem kleinen Löffel.

Tipps von Claudi: Salat ist mein ständiger Begleiter, ich esse jeden Tag einen. Damit keine Langeweile aufkommt, versuche ich, die Dressings so abwechslungsreich wie möglich zu gestalten.

Karotten-Tomaten-Aufstrich

Zutaten:
2 Karotten, 2 Tomaten,
1 Handvoll frisches
Basilikum, 1 Avocado

Menge: ein 350 g-Einweg-Glas

Küchengeräte:
Küchenmaschine oder Mixer

1   1

Wasche die Karotten, die Tomaten und das Basilikum. Entkerne die Tomaten und schneide die Karotten in Stücke. Schäle und entkerne die Avocado und mixe alle Zutaten im Mixer. Dann kannst du die Creme nach Belieben würzen und als Bro(h)taufstrich oder für Gemüsesticks verwenden.

Tipps von Claudi: Um zu vermeiden, dass der Aufstrich braun wird, verzehre ihn zeitnah oder bewahre ihn zusammen mit dem Avocadokern auf.

Vorspeisen

Bro(h)sketta

Zutaten:

2 Tomaten, ½ Aubergine,
½ Zucchini, 1 Schalotte, Öl
(für Tomaten 1 EL Öl,
für Aubergine und Zucchini je 2
EL Öl) + Knäckebro(h)t (siehe
separates Rezept)

Menge: für 2 Personen

Küchengeräte:
Küchenmaschine,
Dörrgerät

3   2   Öl

Bereite auf Basis des Knäckebro(h)t-Rezeptes (S. 138) Bro(h)tstücke zu, die der Größe einer Baguettescheibe entsprechen. Schneide das Gemüse deiner Wahl in kleine Würfel und gib es mit Schalotten und Öl zum Durchziehen für eine Stunde in den Kühlschrank.

Tipps von Claudi: Wenn ich Knäckebro(h)t herstelle, gebe ich immer ein paar kleinere Exemplare für die Bro(h)sketta mit ins Dörrgerät.

Gefüllte Pilze

Zutaten:

2 große Champignons,
1 Handvoll getrocknete
Tomaten, 1 Handvoll
Mandeln, 2 Bund Petersilie,
50 ml Olivenöl

Menge: für 1 Person

Küchengeräte: keine

1   1

Entferne den Strunk und die Lamellen der
Champignons. Fülle sie, wie im Rezept unter
„Zugaben" beschrieben, mit Pesto.

Tipps von Claudi: Dieses Rezept wirkt auf
den ersten Blick sehr einfach, ist jedoch
vor allem wenn man Besuch bekommt ein
guter Einstieg in einen rohveganen Abend!
Du kannst die Pilze beispielsweise auch mit
Avocadocreme oder Cashewäse füllen.

Obstsalat mit Datteldressing

Zutaten:

3 Datteln, 150 ml Wasser,
1 Ananas, verschiedenes Obst
nach Wahl

Menge: 1 Person

Küchengeräte: Mixer oder
Pürierstab und ein großes,
gutes Messer, Eisportionierer

| 2 | 2 | Datteln |

Entkerne die Datteln und gib sie mit dem Wasser in den Mixer, um Dattelwasser herzustellen. Halbiere die Ananas der Länge nach. Schneide das Innere in Würfel und höhle die Ananas mit Hilfe eines Messers und Eisportionierers (oder Esslöffels) aus. Vermische einige der Stücke mit dem Obst deiner Wahl und dem Dattelwasser. Gib alles in die Ananasschalen (den Schaum des Dattelwassers kannst du noch darüber träufeln) und serviere sie.

Tipps von Claudi: Obst sollte entgegen der allgemeinen Meinung (man neigt dazu, Süßes als Nachspeise zu verzehren) eine gute halbe Stunde vor dem Hauptgericht verzehrt werden. So ist es besser verdaulich. Ich gönne mir ab und an „Exoten" wie Mango oder Ananas, achte sonst aber auf regionale und saisonale Obstwahl. Solltest du mit dem Pürierstab arbeiten, weiche die Datteln mindestens eine halbe Stunde vor Herstellung des Dattelwassers ein.

Blümchensalat

Zutaten:

Gänseblümchen, je 1 Handvoll Rucola- und Feldsalat, 50 ml Apfelessig, 1 EL Leinöl, Pfeffer, einige Kürbiskerne

Menge: 2 Personen

Küchengeräte: keine

1   1   Öl,
                      Kürbiskerne

Entferne den Stiel der Gänseblümchen und wasche die Blüten. Entferne die Wurzel vom Feldsalat. Schneide den Rucola in kleine Stücke, wasche den Salat und vermenge ihn mit den Blüten, dem Apfelessig, dem Pfeffer sowie dem Leinöl. Zum Schluss kannst du Kürbiskerne über den Salat geben.

Gazpacho-Trio

Zutaten:

Spinat-Sellerie-Suppe:
1 Selleriestange, 1 Handvoll Spinat, ½ Handvoll Walnüsse, 300 ml Wasser

Karotten-Orangen-Suppe:
3 Karotten, 1 Orange, 1 Banane, 300 ml Wasser

Rote-Bete-Suppe:
1 (große) rote Bete, 2 Datteln, 250 ml rohe Mandelmilch, 100 ml Wasser

Menge: 2 Personen

Küchengeräte: Mixer

2   1

Wasche das Gemüse, schäle ggf. das Obst und mixe die jeweiligen Zutaten, bis sich eine cremige Masse bildet. Wenn du möchtest, so lange bis sie lauwarm wird, das ist vor allem im Herbst und Winter ein toller Suppenersatz.

Tipps von Claudi: Natürlich kannst du die kalten Suppen auch einzeln servieren.

Nudeln und Soßen

Gemüsenudeln

Zutaten:

2 Zucchini oder 2 Süßkartoffeln oder 4 Karotten oder 2 Gurken

Menge: 2 Portionen

Küchengeräte: Spirali (oder zur Not Sparschäler)

1   1

Wasche das Gemüse, entferne die Enden und stelle mit dem Spirali oder einem Sparschäler lange dünne Streifen her. Ich mag die feine Variante am liebsten. Hinsichtlich der Konsistenz sind Zucchini den Nudeln aus Hartweizen am ähnlichsten. Zu den Nudeln passen die Soßen, die ich dir auf den folgenden Seiten zeigen werde. Du kannst sie natürlich auch kombinieren!

Tipps von Claudi: Du kannst auch verschiedene „Nudeln" kombinieren, so wird der Teller bunter! Ich verwende sehr gerne violette Möhre, Zucchini, Karotte oder gelbe Rübe.

Erdnusssoße

Zutaten:

200 g Erdnüsse, 300 ml Wasser,
2 EL Miso, 4 EL Agavendicksaft
oder 8 Datteln

Menge: 2 Portionen

Küchengeräte: Mixer

1   1   Erdnüsse,
Miso,
Datteln

Falls du Datteln verwendest, wasche und entkerne sie. Mixe anschließend alle Zutaten im
Mixer, bis eine Masse von cremiger Konsistenz
entstanden ist.

Tipps von Claudi: Erdnüsse, die du im Bio-
oder Supermarkt erhältst, sind meist gerös-
tet, auch wenn sie sich noch in der Schale
befinden. Rohköstliche Nüsse bekommst du
im Rohkostversandhandel. Sollten die Nüsse
noch von der braunen Schale umhüllt sein, so
löst du diese am besten ab. Dann schmeckt
die Soße nicht so bitter und wird heller.

Grüne Soße

Zutaten:

1 Brokkoli, 50 g Rucola, 200 ml Wasser, 1 TL Miso, 1 TL Senf, 2 EL Mandelpüree, getrockneter Oregano, 1 Handvoll frisches Basilikum

Menge: 2 Portionen

Küchengeräte: Mixer

1   1   Miso, Senf, Oregano

Wasche die Zutaten und schneide den Brokkoli in kleine Stücke. Verwende von letzterem nur die Röschen. Mixe alle Zutaten, bis sich eine cremige Soße bildet. Verteile diese über den Gemüsenudeln deiner Wahl.

Tipps von Claudi: Sollte dir die Soße zu dick sein, kannst du sie mit Wasser verflüssigen. Gib es allerdings vorsichtig nach und nach hinzu.

Pilzsoße

Zutaten:

150 g Cashewkerne,
4 mittelgroße Champignons,
150 ml Wasser

Menge: 2 Portionen

Küchengeräte: Mixer

3   1

Lasse die Cashews 8 Stunden lang einweichen. Entferne den Strunk der Champignons und püriere sie mit den abgegossenen Cashewkernen sowie den 150 ml Wasser, bis sich eine cremige Masse bildet.

Tipps von Claudi: Die Soße wird schnell braun. Solltest du sie nicht gleich servieren und willst dies verhindern, gib den Saft einer halben Zitrone hinzu und rühre sie eventuell zusätzlich noch einmal durch. Für ein intensiveres Pilzaroma kannst du zwei weitere Champignons in kleine Stücke schneiden und untermengen.

Tomatensoße

Zutaten:
1 Handvoll getrocknete
Tomaten, ½ rote Paprika,
4 frische Tomaten,
getrockneter Oregano,
1 Handvoll frisches Basilikum

Menge: 2 Portionen

Küchengeräte: Mixer

2   1

Weiche die getrockneten Tomaten eine halbe
Stunde lang ein. Wasche Paprika und To-
maten und schneide sie in Stücke. Mixe alle
Zutaten (bis auf das Basilikum), bis sich eine
Masse von feiner Konsistenz bildet. Gib die
Soße auf deine Gemüsenudeln und serviere
alles mit Basilikumblättern.

Tipps von Claudi: Diese Soße kannst du gut
über mehrere Tage im Kühlschrank aufbewahren. Fülle sie hierfür am besten in
Schraubgläser ab.

Hauptspeisen

Bananen-Pastinaken-Salat

Zutaten:

1 große Pastinake, 2 Bananen,
1 EL Zimt, 1 EL Aprikosenkernmus,
100 ml Wasser, Kokosflocken

Menge: 2 Portionen

Küchengeräte:
Küchenmaschine

| 2 | 1 | Zimt |

Schäle die Pastinake zunächst und zerkleinere sie dann in der Küchenmaschine mit dem S-Messer. Fülle die zerkleinerte Pastinake anschließend in eine Salatschüssel. Schäle nun die Bananen, schneide sie in Scheiben und gebe die Scheiben zur zerkleinerten Pastinake. Menge den Zimt unter. Das Aprikosenkernmus kannst du jetzt mit dem Wasser vermengen und über den Salat geben und ihn mit Kokosflocken anrichten.

Tipps von Claudi: Statt Aprikosenkernmus mit Wasser kannst du 100 ml Mandelmilch verwenden (siehe Rezept unter „Zugaben"). Diese solltest du allerdings süßen, bevor du sie über den Salat gibst.

Blumenkohlsalat

Zutaten:

1 Handvoll getrocknete Tomaten, 1 kleiner Blumenkohl, 3 Shiitake-Pilze, 50 ml Öl, 1 TL Thymian, 2 Handvoll Rucola, 2 EL Gewürzblüten-mischung deiner Wahl (z.B. „Alles Liebe" von Sonnentor)

Menge: 1 Portion

Küchengeräte: keine

| 3 | 1 | Öl, Thymian, getrocknete Blüten |

Lege die Tomaten in Wasser ein und lasse sie gut eine halbe Stunde lang einweichen. Wasche die restlichen Zutaten und schneide sie klein. Von den Shiitake-Pilzen solltest du vorher den Strunk entfernen und vom Blumenkohl lediglich die Röschen verwenden. Vermenge Blumenkohl, Pilze und Rucola mit Tomaten, Öl und Thymian in einer Salatschüssel. Stelle die Schüssel anschließend für ca. acht Stunden in den Kühlschrank, damit der Blumenkohl durchziehen kann. Füge je nach Geschmack noch mehr Öl hinzu und richte den Salat mit der Gewürzblütenmischung an.

Brokkolisalat

Zutaten:

10 Cocktailtomaten,
1 kleiner Brokkoli, 3 Champignons,
½ gelbe Paprika, 50 ml Wasser,
1 TL Kürbiskernmus oder Miso,
frisches Basilikum, Kürbiskerne

Menge: 1 Portion

Küchengeräte: keine

1   1   Miso,
                      Kürbiskerne

Wasche das Gemüse, entferne den Strunk von Brokkoli und Champignons und schneide alles klein. Bei der Paprika bieten sich Streifen an. Vermische nun das Kürbiskernmus mit Wasser und vermenge es mit dem Salat. Schön lässt sich der Salat mit frischem Basilikum und Kürbiskernen servieren.

Tipps von Claudi: Statt Kürbiskernmus kannst du den Salat mit 1 EL Miso anmachen. Wenn du den Salat acht Stunden lang im Kühlschrank ziehen lässt, wird der Brokkoli weicher.

Claudis Lieblingssalat

Zutaten:

1 Kopf Blattsalat nach
Belieben, 125 g Feldsalat,
1 Gurke, 3 Karotten,
½ Fenchel, 5 Tomaten,
1 Apfel, 2 EL frische Petersilie,
1 EL Sesam, 1 EL Leinsamen,
Dressing (wähle ein Dressing
aus den Dressingideen)

Menge: 2 Portionen

Küchengeräte: keine

2   1

Wasche den Blattsalat und reiße ihn in kleine
Stücke. Wasche den Feldsalat und entferne
die Wurzeln. Wasche Gurke, Karotten, Fenchel, Tomaten und den Apfel und schneide
alles in Scheiben. Wasche und zerkleinere
die Petersilie. Gib alle Zutaten zusammen mit
Sesam und Leinsamen in eine Schüssel.

Tipps von Claudi: Ich bereite mir meinen
Salat oft nach dem Motto „alles was der
Kühlschrank hergibt" zu. Wichtig ist: vari-
iere die Dressings und Zutaten, so wird es
nicht langweilig!

Gefüllte Paprika mit Zucchini- und Brokkolicreme

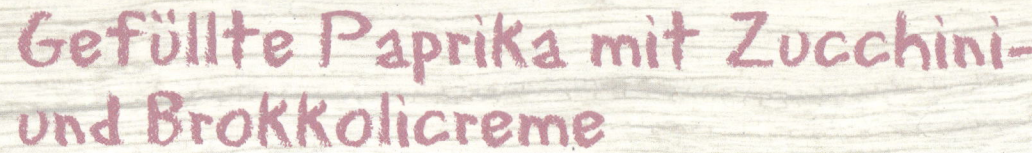

Zutaten:

2 Avocados, 1 Zucchini, 2 EL
Sesam + Sesam zum Servieren,
1 Zitrone, 1 TL Oregano,
1 TL Paprika edelsüß, 1 kleiner
Brokkoli, Kräuter der Provence,
1 gelbe Paprika, 1 rote Paprika

Menge: 2 Portionen

Küchengeräte: Mixer

| 2 | 2 | Sesam, Oregano, Paprika edelsüß, Kräuter der Provence |

Wasche zunächst das Gemüse. Für die Zucchinicreme gib das Fruchtfleisch einer Avocado, 1 Zucchini, 2 EL Sesam und den Saft einer halben Zitrone zusammen mit Oregano und Paprika edelsüß in den Mixer und mixe alles so lange, bis sich eine homogene Masse bildet. Für die Brokkolicreme gib die Brokkoliröschen mit dem Fruchtfleisch einer Avocado, dem Saft einer halben Zitrone und den Kräutern der Provence in den Mixer, bis der Brokkoli richtig klein ist. Halbiere nun die Paprikaschoten und entkerne sie. Fülle die roten Hälften mit der Zucchinicreme, die gelben mit der Brokkolimasse und serviere pro Teller beide Versionen mit etwas mehr Sesam.

Lasagne

Zutaten:

4 Zucchini, 6 EL Olivenöl, Saft einer Zitrone, Tomatensoße , Avocadocreme und Pilzsoße (siehe Rezepte im Kapitel „Nudeln & Soßen")

Menge: 2 Portionen

Küchengeräte:
Sparschäler, Mixer und ein feines Metallsieb oder einen Nussmilchbeutel

2   2   Olivenöl, Hefeflocken

Wasche die Zucchini und schneide die Enden ab. Entferne mit dem Sparschäler die Schale an zwei gegenüberliegenden Seiten, den Rest der Schale lässt du dran. Anschließend schneidest du die Zucchini mit dem Sparschäler längs in sehr dünne Streifen. Gib die Zucchinistreifen dann mit 6 EL Olivenöl und Zitronensaft eine Stunde lang zum durchziehen auf einen flachen Teller in den Kühlschrank. Lasse die Tomaten- und Pilzsoße durch den Nussmilchbeutel oder das Sieb laufen, damit sie nicht zu flüssig sind. Dann geht es los, für zwei Portionen arbeitest du parallel auf zwei Tellern und benötigst jeweils 9 Zucchinischeiben: lege drei Zucchinischeiben nebeneinander, gib die Pilzsoße darauf. Es folgen erneut drei Zucchinischeiben, dann die Avocadocreme, noch einmal drei Zucchinischeiben und abschließend die Tomatensoße. Serviere die Teller zeitnah und gib kurz zuvor Hefeflocken darüber.

Nori-Gurke

Zutaten:

1 Gurke, 1 Nori-Blatt, 2 EL Tamarisoße, 1 TL Sesam

Menge: 1 Portion

Küchengeräte:
Vierkant Gemüsehobel

2   2   Nori-Blätter,
                      Tamarisoße,
                      Sesam

Wasche die Gurke und schneide die Enden ab. Entferne anschließend die Schale mit einem Sparschäler an zwei gegenüberliegenden Seiten, lasse den Rest der Schale dran. Führe sie nun der Länge nach über den Hobel, sodass lange Streifen entstehen. Das Nori-Blatt schneidest du mit einer Schere entlang der Falz in Streifen. Wickle die Nori-Streifen um die Gurkenstreifen. Gib Tamarisoße und Sesam darüber.

Tipps von Claudi: Nori-Blätter gibt es in roher Bioqualität im Rohkostversand zu bestellen.

Quinoa-Salat

Zutaten:

100 g Quinoa, 2 Karotten,
1 Schalotte, 1 Stange
Bleichsellerie, 1 Zucchini,
3 Radieschen, 5 EL Öl, Saft
einer Zitrone, 1 Prise Garam
Masala, Kümmel und evtl. 1
kleiner Kürbis und/oder
4 Stangen grüner Spargel

Menge: 2 Portionen

Küchengeräte: Keimglas

| 3 | 2 | Öl, Gewürze |

Quinoa ankeimen zu lassen dauert einen Tag. Willst du deinen Salat am Abend essen, fange am Vorabend mit den Vorbereitungen an. Gib 100 g Quinoa in dein Keimglas und wasche es gründlich durch. Lasse es dann für zwölf Stunden im Wasser stehen. Spüle es anschließend erneut gut durch und lasse es abtropfen. Nach mindestens acht Stunden Keimen ist das Quinoa startklar. Falls du das Quinoa dann doch noch nicht verarbeiten solltest, ist das nicht schlimm. Denke jedoch daran, es ungefähr alle zwölf Stunden gut durchzuspülen! Du gibst es dann in eine Schüssel und vermengst es mit den gewaschenen und kleingeschnittenen restlichen Zutaten (Spargel bitte bis zur unteren Hälfte schälen, Karotten und Zucchini je nach Belieben). Kümmel und Garam Masala als Gewürz passen perfekt dazu. Als Öl empfehle ich hier Leinöl, da es einen feinen, nussigen Geschmack hat. Lass den Salat noch eine Stunde ziehen, bevor du ihn servierst.

Tipps von Claudi: Kürbis verwende ich nur im Herbst, Spargel nur im Frühjahr, wenn sie bei uns Saison haben. Ich mag Gemüse gerne knackig. Falls du es lieber weich isst, lege es in Öl und Gewürzen ein (am besten sind hierfür frische Kräuter geeignet) und lass es im Kühlschrank für mindestens vier Stunden (besser sind acht Stunden) richtig durchziehen.

Rote Bete-Carpaccio

Zutaten:

2 große oder 3 kleine Rote Bete Knollen, 1 Handvoll Pilze deiner Wahl, Saft einer ½ Zitrone, 1 EL Öl, Oregano

Menge: 1 großer Teller

Küchengeräte: keine

2   1   Oregano

Wasche und schäle die Rote Bete und schneide sie in hauchdünne Scheiben oder hobel sie. Wasche nun die Pilze, schneide sie und lasse sie gut abtropfen. Abschließend kannst du sie auf dem Teller anrichten und mit Zitrone, Öl und Oregano verfeinern.

Spargelsalat

Zutaten:

500 g grüner Spargel,
1 gelbe Paprikaschote,
250 g Cocktailtomaten,
2 Schalotten, 2 EL Apfelessig,
1 EL Olivenöl, frische Kräuter
nach Belieben

Menge: 2 Portionen

Küchengeräte: keine

2   2   Öl

Wasche das Gemüse und entferne vom Spargel das untere, harte Stück. Schäle die untere Hälfte und schneide ihn dann in Stücke. Schneide die Paprika ebenfalls klein, halbiere die Tomaten und füge die geschälten und klein geschnittenen Schalotten dazu. Vermenge nun alles und gib Essig und Öl über den Salat. Lass ihn dann mindestens eine Stunde lang im Kühlschrank durchziehen. Vor dem Essen kannst du ihn mit frischen Kräutern anrichten.

Tipps von Claudi: Spargel kaufe ich nur in der Saison.

Tomaten-Pastinaken-Salat

Zutaten:

1 Pastinake, 1 Avocado
10 Cocktailtomaten,
2 Tomaten, 1 Avocado, Saft
einer ½ Zitrone, Pfeffer,
5 Blätter frischen Basilikums

Menge: 1 Portion

Küchengeräte:
Küchenmaschine

2   1

Wasche die Pastinake und die Tomaten. Schäle die Pastinake anschließend und zerkleinere sie mit dem S-Messer in der Küchenmaschine. Vermenge sie dann mit den Cocktailtomaten in einer Schüssel. Entferne den Strunk der Tomaten und gib sie mit dem Fruchtfleisch der Avocado sowie dem Zitronensaft in die Küchenmaschine und verarbeite sie zu einer groben Soße. Gib nun die Soße über die Pastinake und die Cocktailtomaten und vermenge alles. Schmecke den Salat mit Pfeffer ab und richte ihn mit Basilikum an.

Vushi

Zutaten:

100 g Quinoa, 2 Nori-Blätter,
4 getrocknete Tomaten oder
1 Avocado oder 1 Gurke

Menge: 2 Rollen oder
10 Stück

Küchengeräte:
Sushi-Matte, gutes Sägemesser,
Keimglas

3   3   Nori-
                      Blätter

Quinoa ankeimen zu lassen dauert einen Tag. Willst du Vushi am Abend essen, fange am Vorabend mit den Vorbereitungen an. Gib dazu 100 g Quinoa in dein Keimglas und wasche es gründlich durch. Lasse es dann für zwölf Stunden im Wasser stehen. Spüle es anschließend erneut gut durch und lasse es abtropfen. Nach mindestens acht Stunden Keimen ist das Quinoa startklar. Falls du es dann doch noch nicht verarbeitest, ist das nicht schlimm. Denke jedoch daran, das Quinoa ungefähr alle zwölf Stunden gut durchzuspülen! Gerne gebe ich nach dem ersten Spülen 1 EL Sesam hinzu.

Lege das Nori-Blatt auf die Sushi-Matte und bestreiche es dünn mit dem gekeimten Quinoa. Lasse oben und unten je 1 cm frei. Diesen bestreichst du mit etwas Wasser, so klappt das Rollen besser! Lege auf der Seite, bei der du zu rollen beginnst längs eine Reihe getrockneter Tomaten oder Avocado oder Gurke aus. Forme eine Rolle und schneide diese in in ca. 3 cm breite Stücke.

Tipps von Claudi: Nicht verzagen! Ich habe fünf Anläufe gebraucht, bis es einigermaßen funktioniert hat. In meinem YouTube-Kanal findest du ein Video dazu. Ich fülle Nori-Blätter auch gerne mit Austernpilz- oder Topinamburaufstrich. Ebenso eignen sich die Brokkoli- oder Zucchinicreme. Nori-Blätter gibt es in roher Bioqualität im Rohkostversand zu bestellen.

Zucchiniröllchen

Zutaten:

2 Zucchini, 3 EL Olivenöl, Saft einer Zitrone und Zutaten für eine Füllung deiner Wahl (z.B. Cashewäse, Pilzsoße, Avocadocreme, Austernpilzaufstrich, Karotten-Tomaten-Aufstrich – siehe Kapitel „Aufstriche" und „Nudeln und Soßen")

Menge: 2 Portionen

Küchengeräte: keine

2	2	Olivenöl

Wasche die Zucchini und schneide die Enden ab. Entferne mit dem Sparschäler die Schale an zwei gegenüberliegenden Seiten, lasse den Rest der Schale dran. Schäle die Zucchini anschließend mit dem Sparschäler längs in sehr dünne Streifen. Gib die Zucchinistreifen dann mit 3 EL Olivenöl und Zitronensaft eine Stunde lang zum durchziehen auf einen flachen Teller in den Kühlschrank. Lege nun 3 Streifen nebeneinander/schräg überlappend. Jetzt kannst du sie mit einem Aufstrich oder einer anderen Füllung deiner Wahl bestreichen und aufrollen.

Tipps von Claudi: Dieses Gericht solltest du sofort servieren. Du kannst auch zwei Füllungen zubereiten und verwenden. Streiche diese übereinander auf die Zucchinischeiben.

Desserts

Dreierlei Eis

Zutaten

Himbeereis:
1 Packung gefrorene
Himbeeren, 1 TL Carob

Bananeneis:
3 gefrorene Bananen,
1 EL Zimt

Schokoeis:
6 Eiswürfel, 9 entkernte Datteln
(mindestens 30 Minuten vorab
in Wasser einweichen lassen),
4 EL Kakao, 2 EL Agavendicksaft, Fruchtfleisch einer
Avocado

Menge: je Sorte vier Kugeln

Küchengeräte:
Hochleistungsmixer (sollte
Eiswürfel zerkleinern können)

2   2   Datteln,
Kakao

Gib die jeweiligen Zutaten in den Mixer und
püriere sie, bis sich eine cremige Masse gebildet hat. Das Schokoeis solltest du jedoch vor
dem Servieren noch für eine halbe Stunde ins
Gefrierfach geben, sonst ist die Konsistenz zu
flüssig.

Tipps von Claudi: Natürlich kannst du auch
nur eine Sorte Eis zubereiten. Leider funktioniert dieses Rezept wirklich nur mit guten
Mixern, die Eis zerkleinern können.

Obsttörtchen mit Macadamiaboden

Zutaten:

10 Datteln,
100 g Macadamianüsse,
250 g (TK-)Beeren

Menge: 1 Tarteförmchen

Küchengeräte:
Küchenmaschine,
Hochleistungsmixer

2   2   Macadamia-
                      nüsse, Datteln

Entkerne die Datteln und lasse sie eine halbe Stunde in Wasser einweichen. Gib die Macadamianüsse in die Küchenmaschine und bearbeite sie, bis sie zerkleinert sind und ölig werden. Drücke sie anschließend fest in ein Tarteförmchen mit Einlegeboden. Für die Füllung gibst du 100 g (TK-)Beeren deiner Wahl zusammen mit den Datteln in einen Hochleistungmixer und pürierst sie, bis sich eine weiche, geleeartige, aber noch kalte Masse gebildet hat. Gib diese auf den Macadamiaboden, streiche sie glatt und stelle das Tarteförmchen für eine halbe Stunde in den Kühlschrank. Serviere dein Törtchen dann zeitnah und sei vorsichtig, wenn du es aus der Form hebst.

Tipps von Claudi: Du kannst auch nicht tiefgekühlte Beeren verwenden und die Füllung so mit einem „normalen" Mixer herstellen. Gib dein gefülltes Tarteförmchen dann jedoch für eine Stunde ins Gefrierfach.

123

Erdbeertraum

Zutaten:

Boden:
3 Tassen Datteln, ½ Tasse Kokosflocken

Füllung: 2 Bananen, 200 g Cashewkerne, 250 g Erdbeeren, Mark einer Vanilleschote

Menge: 1 Springform

Küchengeräte:
Küchenmaschine, Mixer

| 2 | 2 | Datteln, Kokosflocken, Cashewkerne, Vanilleschote |

Weiche die Datteln eine halbe bis zwei Stunden lang in Wasser ein und entkerne sie. Gib die Datteln und die Kokosflocken in eine Küchenmaschine und verarbeite sie, bis sich eine klebrige Masse gebildet hat. Gib diese auf den Boden einer Springform, drücke sie glatt und stelle den Boden für eine halbe Stunde in den Kühlschrank. Gib für die Füllung die Bananen, die Cashewkerne, die Erdbeeren und das Mark der Vanilleschote in den Mixer und verarbeite alles, bis die Masse eine cremige Konsistenz annimmt. Verteile diese gleichmäßig auf dem Boden und streiche sie mit einem Löffel glatt. Stelle den Kuchen nun für eine Stunde ins Gefrierfach. Fahre mit einem Messer entlang des Randes, damit er beim ablösen nicht daran kleben bleibt und serviere ihn zeitnah. Du kannst ihn noch mit Carob und Erdbeeren dekorieren.

Tipps von Claudi: Ich fette die Springform mit Kokosöl ein, so kann ich den Erdbeertraum leichter servieren. Falls dein Mixer Eis zerkleinern kann, kannst du auch gefrorene Beeren verwenden. Dann reicht eine halbe Stunde im Kühlschrank.

Eisschokolade

Zutaten:

50 g Haselnüsse, 300 ml
Wasser, 1 gehäufter EL
Instant Kakaopulver (z.B.
MaKao), 2 Eiswürfel,
3 gefrorene Bananen,
1 TL Kakaonibs

Menge: 2 große Gläser

Küchengeräte:
Hochleistungsmixer und
Nussmilchbeutel oder
feinmaschiges Metallsieb

| 1 | 2 | Haselnüsse, Kakaonibs |

Gib die Haselnüsse und das Wasser in deinen
Mixer und lasse ihn arbeiten, bis sich eine cremi-
ge Milch bildet. Diese lässt du dann durch den
Nussmilchbeutel oder ein Sieb in ein größeres
Gefäß laufen. Spüle den Behälter deines Mixers
gut aus, damit keine Nussreste mehr zurück
bleiben.
Gib anschließend den Instantkakao mit der Ha-
selnussmilch in den Mixer und mische alles zusammen mit den Eiswürfeln erneut durch. Fülle
die MaKao-Haselnussmilch in das Gefäß zurück.
Nun gibst du die gefrorenen Bananen in den
Mixer und verarbeitest diese, bis sich cremiges
Eis bildet. Fülle dies in zwei große Gläser und
übergieße es mit der MaKao-Haselnussmilch.
Zuletzt streust du die Kakaonibs über die Eis-
schokoladen.

Tipps von Claudi: MaKao ist eine Trink-
mischung, die du bei PureRaw.de bestellen
kannst. Kakaonibs erhältst du im Rohkostversandhandel. Das Rezept funktioniert auch mit
Carob oder Kakao, schmeckt dann jedoch
nicht ganz so fein.

Chia Pudding

Zutaten:

3 EL Chia-Samen, 75 ml Wasser, 1 TL Carob, 1 TL Agavendicksaft

Menge: 1 Portion

Küchengeräte: keine

2   1   Chia-Samen, Carob

Das Rezept ist sehr simpel! Vermische einfach alle Zutaten in einer Schüssel und stelle sie in den Kühlschrank. Dort müssen sich die Inhaltsstoffe der Masse mindestens 30 Minuten lang verbinden, bevor du den Pudding servieren kannst.

Tipps von Claudi: Der Pudding schmeckt auch gut zum Frühstück, denke gegebenenfalls am Vorabend an die Zubereitung! Ich gebe gerne noch Bananenscheiben, Goji-Beeren, Datteln oder Apfelstücke dazu. Chia-Samen und Carob erhältst du im Rohkostversandhandel.

Schokoladenpralinen

Zutaten:

4 EL Kokosmus, 3 TL Kakao,
2 TL Agavendicksaft

Menge: eine Pralinen- oder
Tarteform

Küchengeräte: Mixer oder
Pürierstab

2   1   Kokosmus,
                      Kakao

Vermenge alle Zutaten, bis eine weiche Masse entsteht. Gib sie in eine Pralinen- oder Tarteform und stelle sie für eine Stunde in ein Gefrierfach. Mit diesen Mengen schmecken die Pralinen sehr kokoslastig. Falls der Kakao besser zur Geltung kommen soll, erhöhe einfach den Kakaoanteil.

Tipps von Claudi: Kokosmus wird ab einer Temperatur von 24 Grad warm und weich. Pass auf, dass die Masse nicht zu heiß wird. Das wäre nicht unbedingt schlimm, jedoch wären die Pralinen dann nicht mehr rohköstlich.

Schokoladenmousse

Zutaten:

20 Datteln, 1 Avocado,
50 g Kakao, 200 ml Wasser
Soße: 100 g Erdbeeren

Menge: 2 kleine Portionen

Küchengeräte: Mixer

| 2 | 1 | Kakao, Datteln |

Weiche die Datteln eine halbe Stunde in Wasser ein, entkerne sie und schneide sie klein. Schäle und entkerne die Avocado und gib ihr Fruchtfleisch zusammen mit den Datteln und dem Kakao in den Mixer. Füge nach und nach das Wasser hinzu, bis sich eine feine, cremige Mousse gebildet hat. Für die Soße pürierst du die Erdbeeren und gibst die Mousse darauf.

Tipps von Claudi: Die Wassermenge kann mit der Art der Datteln und der Avocado variieren.

Apfelberge

Zutaten:

80 g Mandeln, 2 große Äpfel,
20 Datteln, 1 gehäufter EL
Zimt, 1 Vanilleschote

Menge: 2 Portionen

Küchengeräte:
Küchenmaschine

2   2   Mandeln,
Vanilleschote,
Zimt

Zerkleinere die Mandeln in der Küchenmaschine, du benötigst sie später. Entkerne die Datteln und den Apfel. Schneide den Apfel in Stücke und weiche diese mit den Datteln eine Stunde lang in Wasser ein. Gib sie anschließend mit Zimt und dem Inhalt der ausgekratzten Vanilleschote in die Küchenmaschine. Verarbeite alles, bis sich eine feste Masse gebildet hat. Gib dann 4 EL von den zerkleinerten Mandeln hinzu und vermische die Masse kurz erneut.
Schneide einen gewaschenen Apfel mit Schale horizontal in dünne Scheiben und klopfe die Kerne mit der Hand heraus. Gib die Masse aus der Küchenmaschine auf diese Scheiben und serviere zwei davon mit Zimt und einem Teil der übrigen zerkleinerten Mandeln.

Carob-Dattel-Drink

Zutaten:

250 ml Wasser, 4 Datteln,
1 TL Carob

Menge: 1 Tasse

Küchengeräte: Mixer
oder Pürierstab

| 1 | 1 | Datteln, Carob |

Entkerne die Datteln. Falls du einen Pürierstab verwendest, weiche sie eine halbe Stunde lang ein. Mixe die Zutaten, bis sie lauwarm sind. Falls dein Mixer/Pürierstab zu schwach ist, kannst du vorsichtig mit dem Herd (auf geringster Stufe) nachhelfen. Das Resultat ist ein toller Ersatz für heiße Schokolade.

Tipps von Claudi: Carob kann, da er kein Koffein enthält, besser verträglich sein als Kakao. Er schmeckt jedoch anders. Einfach mal probieren!

Zugaben

Petersilienpesto

Zutaten:

1 Handvoll getrocknete
Tomaten, 1 Handvoll Mandeln,
2 Bund Petersilie, 50 ml Olivenöl

Menge: ein 350 g-Einweg-Glas

Küchengeräte:
Küchenmaschine oder guter
Pürierstab

| 2 | 1 | Datteln, Carob |

Lasse die Tomaten und Mandeln eine halbe
Stunde lang einweichen und gib sie mit der
gewaschenen und grob zerzupften Petersilie
sowie dem Olivenöl in die Küchenmaschine.

Tipps von Claudi: Funktioniert auch prima mit Bärlauch oder Basilikum. Natürlich
kannst du auch andere Nüsse bzw. Stein-
früchte verwenden, z.B. Cashewkerne oder
Walnüsse.

Knäckebro(h)t

Zutaten:

300 g Leinsamen und 4 Handvoll Gemüse deiner Wahl (es eignen sich besonders: Tomaten, Sellerie, Karotten, Paprika, Champignons)

Menge: 15 Knäckebro(h)te

Küchengeräte: Küchenmaschine, Dörrgerät

3   2   Datteln, Carob

Lasse die Leinsamen 8 Stunden lang einweichen und vermenge sie mit dem Gemüse deiner Wahl (du kannst auch verschiedene Gemüsearten verwenden) in der Küchenmaschine. Das ergibt einen schleimigen Brei. Verteile diesen in kleinen Haufen auf Backpapier. Ich mag mein Knäckebro(h)t am liebsten in kleinen Fladen mit ca. 10 cm Durchmesser und 5 mm Höhe. Gib die Haufen in das Dörrgerät und lasse es bei 40 Grad Celsius 11 Stunden lang laufen, wende die Kräcker und lasse sie nochmals für 6 Stunden dörren.

Tipps von Claudi: Du kannst das Knäckebro(h)t zusammen mit Chia-Kräckern und Bro(h)sketta dörren! Ich kombiniere gerne Leinsamen und Goldleinsamen und gebe auf die Kräcker, bevor sie ins Dörrgerät kommen, noch etwas Sesam. In meinem YouTube-Kanal findest du ein Video zur Knäckebro(h)t-Herstellung.

Mangoldchips

Zutaten:

250 g Mangold
(berechnet ohne Stiele), 50 ml
Tamari-Soße, 50 ml Apfelessig,
20 g Hefeflocken, 3 EL Sesam,
200 ml Wasser

Menge: 4 Böden

Küchengeräte: Dörrgerät

3 1 Tamari-Soße,
Apfelessig,
Hefeflocken,
Sesam

Wasche die Blätter des Mangold und zupfe sie in mundgerechte Stücke. Vermenge die restlichen Zutaten und lege den Mangold eine halbe Stunde darin ein. Gib ihn anschließend auf Backpapier oder Paraflexxböden für 11 Stunden bei 40 Grad in das Dörrgerät. Wende die Chips und lasse sie nochmals für 11 Stunden bei 40 Grad im Dörrgerät.

Tipps von Claudi: Schmecken auch sehr lecker mit Grünkohl anstelle von Mangold. Die Mangoldchips kannst du gut mit Algenburgern dörren. Achtung jedoch bei anderen Lebensmitteln wie beispielsweise Obst: die Chips geben einen starken Geruch ab.

Algenburger

Zutaten:

300 g Leinsamen,
50 g Mandeln, 2 Noriblätter

Menge: 12 Burger

Küchengeräte:
Küchenmaschine, Dörrgerät

3   2

Weiche die Leinsamen 8 Stunden lang ein. Schneide die Noriblätter mit einer Schere in ca. 1 cm² kleine Stücke. Vermenge diese mit den Leinsamen und den Mandeln in der Küchenmaschine. Forme kleine Burger und gib sie auf Backpapier oder Paraflexxböden in ein Dörrgerät und trockne sie bei 40 Grad 11 Stunden lang. Wende die Burger und lasse sie nochmals für 6 Stunden bei 40 Grad im Dörrgerät.

Tipps von Claudi: Die Algenburger kannst du gut mit Mangoldchips dörren.

Mandelmilch

Zutaten:

1 Teil Mandeln, 3 Teile Wasser

Menge: nach Belieben

Küchengeräte: Mixer, Nussmilchbeutel

2   1   Mandeln

Gib die Mandeln und das Wasser in deinen Mixer und lasse ihn arbeiten, bis sich eine cremige Milch gebildet hat. Diese lässt du dann durch den Nussmilchbeutel in ein Glasgefäß laufen.

Tipps von Claudi: Mandelmilch hält sich zwar ein paar Tage lang im Kühlschrank, setzt sich allerdings bald ab. Ich stelle immer nur so viel her, wie ich tatsächlich benötige. Du kannst die Milch auch mit anderen Nüssen, z.B. Macadamianüssen oder Cashewkernen, zubereiten. Den Trester kannst du als Dip verwenden (siehe „Gemüsehäppchen" unter „Vorspeisen"), oder Apfelberge, Bananeneis sowie den Erdbeertraum (siehe „Desserts") damit verfeinern.

Hanfmilch

Zutaten:

1 Teil geschälte Hanfsamen und 1 ½ Teile Wasser, eventuell entkernte Datteln zum Süßen (5 Datteln pro 250 ml)

Menge: nach Belieben

Küchengeräte: Mixer oder Pürierstab

1   1

Püriere die geschälten Hanfsamen und das Wasser (sowie evtl. die entkernten Datteln) mit dem Mixer oder dem Pürierstab, bis sich eine cremige Milch bildet.

Tipps von Claudi: Die Hanfmilch hält sich zwar im Kühlschrank, ich stelle mir jedoch immer nur so viel her, wie ich tatsächlich benötige, denn die Hanfmilch erfordert keine Vorbereitungszeit. Der Geschmack ist nussig, etwas bitter. Geschälte Hanfsamen bekommst du im Rohkostversandhandel.

Ketchup

Zutaten:

250 g Cocktailtomaten,
1 Schalotte, ½ rote Paprika,
1 EL Agavendicksaft, 2 Datteln,
1 Prise Oregano

Menge: ein 350 g-Einweg-Glas

Küchengeräte: Mixer

1   1

Entkerne die Datteln, gib alle Zutaten in einen Mixer und verarbeite sie, bis sich eine
feine Masse bildet.

Chia-Kräcker

Zutaten:

100 g Chia-Samen, 250 ml Wasser, 1 EL Carob und wahlweise 1 Handvoll Goji-Beeren, 1 Banane oder 1 Apfel

Menge: 12 Kräcker

Küchengeräte: Dörrgerät

3   2   ChiaSamen, Carob, Goji-Beeren

Weiche Chia-Samen und Carob 8 Stunden lang im Kühlschrank ein. Püriere das Obst deiner Wahl und vermenge es mit den Chia-Samen und dem Carob. Das ergibt einen schleimigen Brei. Trage diesen dünn auf Backpapier auf, am besten in runder Form von ca. 5 cm Durchmesser. Gib den Teig bei 40 Grad Celsius für 11 Stunden in das Dörrgerät, wende die Kräcker und lasse sie nochmals für 6 Stunden dörren.

Rohkostversand:

keimling.de
lifefood.de
naturarten.de
pureraw.de

Vegane Onlineshops:

alles-vegetarisch.de
rootsofcompassion.org
smilefood.de
vegan-wonderland.de

Buchtipps:

Ab heute vegan (Hrsg. Patrick Bolk)
Anständig essen (Karen Duve)
Crazy sexy diet (Kris Carr)
Going Raw (Judita Wignall)
Go vegan! (Hrsg. Marlene Halser)
Live Raw (Mimi Kirk)
Meine Rezepte für eine bessere Welt (Alicia Silverstone)
Rohköstliches (Dr. Christine Volm)
Skinny Bitch (Rory Freedman, Kim Barnouin)
Vegan! (Marc Pierschel)
Wie ich verlernte, Tiere zu essen (Marsili Cronberg)

Yoga DVDs:

Kerstin Linnartz (All about Yoga)
Ursula Karven (Yoga Everyday)
Ralph Bauer (Yoga und Yoga 2)
Die Spezialausgabe des Yoga Journals „Yoga at home"

Webseiten zum Thema Veganismus und Tierrechte:

albert-schweitzer-stiftung.de
vebu.de

Danksagung

Mein Dank gilt all den Menschen, die über meinen Blog gestolpert sind oder noch stolpern werden.
Sandra und Sandra für das „OK" und eure Unterstützung.

Manu, Michi, Mike, Katrin und Nicole für eure Bestärkung und die Begleitung während dieses Buch entstanden ist. Doris, Heidi und Yase zusätzlich für das Lesen aus der Perspektive eines Fleisch essenden Menschen.
Franziska Schmid für das Lesen aus der veganen Perspektive. Natürlich auch für Veggie Love, denn ohne Veggie gäb es Claudi nicht.

Sohra (mittlerweile bei tofufamily.de) für die viele Hilfe zu Beginn meines veganen Lebens. Das PETA2-Probeabo ist uneingeschränkt empfehlenswert für den Einstieg.

Nicole Just, Sarah Kaufmann, Daniela Böhm, Linda Sabin, Jérôme Eckmeier, Andreas Grabolle, Surdham Göb, Justin P. Moore für eure Seelenpflege.

Marsili Cronberg für deine lieben Worte und wunderbaren Bücher und Artikel.

Sonja Reifenhäuser für dein Fachwissen, deine einzigartige Hilfe und Unterstützung, sowie den wertvollen ernährungswissenschaftlichen Teil in diesem Buch.

Patrick Bolk von deutschlandistvegan.de für deine Begleitung und Unterstützung.

Euch beiden für das Verständnis dafür, dass ich zur Entstehungszeit dieses Buches nicht so viel wie sonst üblich zu deutschlandistvegan.de beisteuern konnte.

Frau Hase für unsere wunderbare Freundschaft und die tollen Gespräche. Außerdem Danke für das Lesen aus der rohveganen Perspektive und unschlagbare Tipps wie Wohlfühl Smoothie, Lovechock und Makao.

Meinen Eltern und Oma für die „Hausaufgabenkorrektur", die wir (kurz vor meinem 30sten) wieder haben auferleben lassen. Danke für eure Bestärkung, Begleitung, Unterstützung und dafür, dass ihr immer für mich da seid.

Maximilian Schmid, Bruderherz, für all diese wunderschönen Fotos und den damit verbundenen Aufwand, sowie für deine guten Nerven.

Papa und Opa, ich hoffe ihr seid „da Oben" stolz auf mich.

Marc Pierschel und Alexander Bulk von roots of compassion/ compassion media für viele Emails, die Möglichkeit dieses Buch zu veröffentlichen, euer Wissen und Können. Ich wünsche euch von Herzen weiterhin viel Erfolg!

Wolfram Schmidt von Webcube.de für die Gestaltung meiner genialen Website, das super Layout meines Blogs, sowie für Emil, das Schaf (mit und ohne Blume) und sämtliche Aktualisierungen.

Boris und Finn, dieses Buch ist für euch und alle nicht-menschlichen Tiere. Ich hoffe einen Teil dazu beigetragen zu haben, dass euch weniger Leid durch die Menschen widerfährt.

An euch alle: schön, dass es euch gibt und ich ein Teil eures Lebens sein darf! Ohne euch würde es dieses Buch nicht geben.

compassion ✊ media

Vegan!
Marc Pierschel

160 Seiten | Softcover | ISBN 978-3-0002840-4-5
10,90 Euro

Immer mehr Menschen entdecken die vegane Lebensweise für sich. *Vegan!* erklärt, wie Veganismus entstanden ist, wo sich unvegane Inhaltsstoffe verstecken können und auf welche Nährstoffe du bei der Ernährung besonders achten solltest.

Neben Hintergrundinformationen zu Tierausbeutung findest du ethische Überlegungen und Theorien zum Mensch-Tier-Verhältnis, Tipps und Ratschläge anderer Veganer_innen sowie Antworten auf weit verbreitete Vorurteile. Abgerundet durch eine Nährstofftabelle, eine E-Nummern-Liste, einen veganen Sprachführer und einfach zuzubereitende Rezepte ist Vegan! dein (Überlebens-) Handbuch für den veganen Alltag!

»mensch_tier«
Hartmut Kiewert

144 Seiten | Softcover | ISBN 978-3-9814621-1-1
17,50 Euro

Der Maler und Grafiker Hartmut Kiewert setzt sich in seinen Arbeiten intensiv mit dem gesellschaftlichen Mensch-Tier-Verhältnis auseinander. In dem Buch *mensch_tier* stellt er 74 meist großformatigen Abbildungen seiner künstlerischen Arbeiten seine theoretische Auseinandersetzung mit dem Thema gegenüber und ergänzt diese zu einem klaren Plädoyer für eine ausbeutungsfreie Gesellschaft.

Das Rock 'n' Roll-Veganer Kochbuch
Jérôme Eckmeier

152 Seiten | Hardcover | ISBN 978-3-9814621-5-9
18,90 Euro

In seinem ersten Kochbuch vereint Jérôme Eckmeier seine beiden großen Leidenschaften und nimmt euch mit auf eine kulinarische Zeitreise in die 50er Jahre. Den Geburtsjahren des Rock 'n' Rolls entsprangen Partybuffet-Klassiker wie Fleisch- und Eiersalate, Toast Hawaii, Marmor- und Käsekuchen. Aber auch die moderne vegane Küche kommt nicht zu kurz: Mit zahlreichen Gaumenfreuden wie knusprigen Corn Dogs und Frozen Banana Ice schlägt Jérôme Eckmeier die Brücke zurück in die Gegenwart!

Vegan Kochen mit Ente
Ente

80 Seiten | Ringbuch | ISBN 978-3-9814621-4-2
10,00 Euro

Kompliziert geht gar nicht – in *Vegan kochen mit Ente* finden sich 60 leckere und doch einfache Rezepte, die im Handumdrehen gelingen und alles andere als die Welt kosten. Zwischen exquisiter Cuisine und im Nu gezauberten Alltagsgerichten ist von Zucchini-Kartoffelpuffern über Seitannuggets, Cannelloni und Semmelknödel bis hin zu Nougat-Sahnetorte alles dabei.
Entes Einnahmen durch dieses Kochbuch fließen komplett in Projekte und Initiativen der Bewegung, denn Veganismus ist mehr als Lifestyle!

Vegane Küche für Kinder
Christina Kaldewey

152 Seiten | Hardcover | ISBN 978-3-9814621-2-8
18,90 Euro

Im ersten umfassenden deutschsprachigen Ratgeber für vegane Kinderernährung finden Klein und Groß Schmackhaftes für jeden Tag. Wichtige Informationen zur Ernährung, Wissenswertes zum Beginn der Beikost, Alltagstipps, Erfahrungsberichte aus erster Hand und vieles mehr – hier findest du alles, um deinem Kind einen optimalen Start in die Welt des Essens und Trinkens zu ermöglichen. So ist dein Kind rundum gut versorgt und ihr könnt gemeinsam mit Freude und Neugier die Vielfalt der veganen Küche genießen.

Schweinchen Hugo reißt aus
Alexander Bulk

72 Seiten | Hardcover | ISBN 978-3-9814621-3-5
13,90 Euro

Schweinchen Hugo lebt mit anderen Tieren auf dem Bauernhof und liebt es, sich im Stroh umherzuwälzen. Doch seit einiger Zeit plagen ihn viele Fragen. Warum ist er hier? Wie sieht die Welt außerhalb seiner kleinen Stallbox aus? Zusammen mit seiner besten
Freundin Matilda begibt sich Hugo auf die Suche nach Antworten. Eine Suche, die nicht nur aufregend ist, sondern auch gefährlich…
Ein spannendes Buch für Kinder ab 6 Jahren über Freiheit und die Angst vor dem Ungewissen. Im Anhang des Buches finden sich ausgewählte vegane Beispielrezepte für beliebte Kindergerichte.

Vegan Guerilla
Sarah Kaufmann

104 Seiten | Hardcover | ISBN 978-39814621-0-4
17,90 Euro

Aus der Leidenschaft für veganes Kochen und dem Wunsch, Freunde und Freundinnen am Genuss der einfallsreichen Eigenkreationen teilhaben zu lassen, entstand mit Vegan Guerilla ein Food-Blog, aus dem innerhalb kurzer Zeit eine Inspirationsquelle und ein Fundus an leckersten veganen Gerichten wurde. *Vegan Guerilla* ist längst kein Geheimtipp mehr, sondern gehört mittlerweile zu den bekanntesten Food-Blogs Deutschlands und zeigt, dass vegane Gerichte nicht nur aus Salat und Körnern bestehen.

Vegan lecker lecker!
Marc Pierschel et al.

100 Seiten | Ringbuch | ISBN 978-30002642-0-7
7,90 Euro

Unlecker war gestern! Denn *Vegan lecker lecker!* bietet knapp 100 spannende Rezepte fernab von Tütensuppe, Mikrowellengericht und Dosenfraß. Anhand einfach beschriebener, bebilderter Rezepte lassen sich im Handumdrehen raffinierte Köstlichkeiten der veganen Cuisine zaubern. Tofu-Satay, Seitan Deluxe, Boston Cream Donuts, Erdnuss-Schoko-Cupcakes oder Tofu-Nuggets lassen garantiert jedem das Wasser im Mund zusammenlaufen. Egal ob Hobbypfannenwender oder Profiteigrollerin, ob 3-Sterne-Menü oder 5-Minuten-Snack, mit *Vegan lecker lecker!* ist für jeden guten Geschmack etwas dabei.

Rückblick

7. Rückblick

Meine Rohkostzeit verging wie im Fluge. Durch persönliche Höhepunkte wie Kochabende (oder eher Nicht-Koch-Abende) mit Freund*innen oder den Besuch der Fachmesse Rohvolution kommt mir die Phase auch jetzt, wenn ich zurückblicke, kurz und bereichernd vor.

Natürlich gab es neben Höhen auch Tiefen. Vor allem beim gemeinsamen Auswärtsessen im veganen Restaurant fand ich es wirklich hart, nichts oder nur einen Salat – für den ich dann auch mein selbstgemachtes Dressing dabei hatte – zu bestellen.

Davon abgesehen habe ich zu keinem Zeitpunkt das Ende herbeigesehnt oder mein Experiment in Frage gestellt. Genau das ist der Punkt, der mich selbst am meisten erstaunt. Ich habe immer damit gerechnet, es nicht erwarten zu können, wieder Tofu und Co. zu essen. Doch meine rohveganen Mahlzeiten waren so schmackhaft, abwechslungsreich und unkompliziert, dass ich meine Testwochen nicht als karge Zeit des Verzichtes wahrgenommen habe.

Trotzdem war mein erstes gekochtes Gericht nach meiner rohköstlichen Phase einfach himmlisch. Ich war mit meiner Familie auf dem Lebenshof Butenland im Urlaub und konnte dem leckeren Essen dort nicht widerstehen: Spargel mit Kartoffeln und zerlassener Margarine, hmmmm! Dank meines Experimentes habe ich es aber intensiver wahrgenommen als vor meinem Selbstversuch und wider Erwarten gut vertragen. Allerdings reagiere ich sehr stark auf Gluten. Das war vermutlich auch schon vor dem Rohkostmonat der Fall, jedoch habe ich es damals noch nicht damit in Verbindung gebracht. Egal ob Brezel, Brot, Pizza oder Nudeln: Bauchgrummeln ist die Folge. Zum Aufstrich mogelt sich zwar heute auch hin und wieder Brot in den Einkaufswagen, insgesamt versuche ich dennoch, Gluten weitestgehend zu vermeiden.

Tierbefreiung
Emil Franzinelli, Andre Gamerschlag,
die tierbefreier e.V.

280 Seiten | Softcover | ISBN 978-3-9814621-8-0
15,00 Euro

Tierbefreiung vereint Beiträge zum Profil sowie zu den Strategien und Methoden der Tierrechts- und Tierbefreiungsbewegung, die in den letzten zehn Jahren im Magazin *TIERBEFREIUNG* erschienen sind.

Anliegen des Sammelbandes sind die Dokumentation bisheriger Diskurse sowie die Stärkung einer offenen Debattenkultur innerhalb einer lebendigen Graswurzelbewegung.

Mein erster „normaler" veganer Einkauf kam mir nach acht Wochen Obst- und Gemüseabteilung schon etwas komisch vor. Ich musste vor allem lernen, mein schlechtes Gewissen abzuschalten. Immer wieder habe ich mir gesagt: „Claudi, du isst wirklich gesund! Du versuchst, Zucker und Gluten zu vermeiden und Gekochtes ist nicht schlimm. Es hat vielleicht weniger Nährstoffe als Rohkost, kann aber trotzdem gesund sein!". Ich wollte mich nicht selbst kasteien. Auch nicht während meiner Rohkost-Test-Phase. Wenn mich Gelüste plagten, fand ich es besser, ihnen nachzukommen, als um sie herum zu essen. Ich kann also nur raten, auf den eigenen Körper zu hören.

7.1 Reaktionen aus dem Freundeskreis, auf der Arbeit und in der Familie

Die meisten Menschen, mit denen ich mich bisher über meinen veganen Lebensstil unterhalten habe, fanden ihn spannend und interessant. Oft werden mir auch richtige Detailfragen gestellt, wenn es beispielsweise um vegane Kosmetik geht. Obwohl mir immer wieder gesagt wird „ICH könnte das nicht!" - respektiert haben mich und meine Entscheidung bisher ausnahmslos alle. Mit der veganen Ernährung fühle ich mich außerdem wie eine kleine Weltretterin. Bei der rohveganen Ernährung ist dieses Gefühl nicht mehr so stark. Zwar wird bei den meisten Rohkostformen deutlich weniger Energie bei der Zubereitung der Nahrungsmittel aufgebracht und somit Nahrung ressourcenschonender zubereitet, dennoch bin ich der Meinung, dass ich vor allem für mich und meine Gesundheit rohvegan gelebt habe. Mit einer rohveganen Ernährung rette ich mich selbst. Meiner Meinung nach gibt es keine gesündere Ernährungsweise.

Doch wie hat mein Umfeld auf diese Umstellung reagiert?

Meinen Selbstversuch im März haben wirklich alle problemlos akzeptiert, meine Familie reagierte beispielsweise mit dem Satz „Es sind ja nur vier Wochen". Obwohl dann aus den vier Wochen mal eben acht wurden, gab es da keine Probleme.

Kolleg*innen und Leute aus meinem Freundeskreis fragten häufig nach, was ich denn da gerade auf dem Teller habe und interessierten sich sehr für die Auswirkungen meiner Ernährung auf meinen Körper und mein Leben. So habe ich alle Fragen auch gerne beantwortet und merkte auch selbst an meinen Antworten, wie gut es mir zur rohveganen Zeit körperlich ging. Außerdem genoss ich es auch ein wenig, zu zeigen, dass Menschen durch eine rohvegane Ernährung nicht gleich zu Hippies werden, sich nicht in ihrer Persönlichkeit ändern, gesund und munter bleiben können und dass auch der Umgang miteinander nach wie vor respektvoll und von Zuneigung geprägt sein kann.

Als ein besonders schönes Erlebnis ist mir ein Rohkostabend in Erinnerung geblieben, den Frau Hase und ich für unsere omnivoren Freund*innen, kurz „Omnis" gennant, veranstaltet haben und bei dem unsere Kreationen mit Neugierde probiert und für ausgesprochen lecker befunden wurden.

Einige Kommentare aus meinem Umfeld waren jedoch auch voller Sorge um meine Gesundheit. So manches Mal wurde mir bewusst, dass man noch etwas auf die vegane Ernährung „draufsetzt" und in den Augen vieler als noch extremer oder freakiger erscheint. Ich musste mich auch immer wieder an die eigene Nase fassen und mich daran erinnern, dass es für einen omnivoren Menschen schon komisch ist, vegetarisch zu essen, vegan begegnet einem noch seltener. Nun keine Konserven, nichts mehr aus dem Tetra Pak, kein Brot mehr einkaufen?

Den Herd nicht mehr anschalten? Keinen Kaffee mehr? Was bitte soll denn an Tee schlecht sein? Eine Menge Fragen prasselten auf mich ein.

Aber: Ich habe mich nicht unterkriegen lassen, schließlich hatte ich mich bewusst für diesen Schritt entschieden. Und zwar aus guten Gründen. Im Endeffekt war also nur eines wichtig: Dass ich mich gut fühle mit diesem Entschluss.

Ich bin noch immer sehr froh darüber, dieses Experiment gewagt zu haben. Ich habe einige bereichernde Erfahrungen gesammelt und zehre noch immer von den gewonnenen (Selbst-)Erkenntnissen. Doch wie ernähre ich mich heute?

7.2 "Rohvegan à la Claudi"

Meine Erkenntnisse und meine persönliche Lösung: Ich esse so viel wie möglich roh! Aber mich vegan zu ernähren und zu kochen macht so viel Spaß und ich vertrage es (von Gluten und Zucker abgesehen) ebenso gut wie die rohvegane Variante, daher esse ich auch Kochkost.
Da ich eine Salat-Liebhaberin bin, fällt es mir nicht schwer, täglich viel rohvegan zu essen. Wie bereits erwähnt, besteht mein Frühstück aus einem Liter grünem Smoothie und wenn ich mal richtig Hunger habe, gibt es Obst dazu.
In der Mittagspause sowie in Restaurants mit gemischtem Angebot esse ich häufig einen Salat. Der variiert jedoch täglich bezüglich Inhalt und Dressing - so bleibt es spannend.
Wenn ich allerdings in vegetarisch-vegane Restaurants gehe, gibt es meistens Gekochtes, ebenso wenn ich Freund*innen zu Besuch habe oder für meine Familie koche.

Davon abgesehen kaufe ich fast nur rohköstliche Lebensmittel für zu Hause ein. Abends gibt es bei mir oft Zucchini-Nudeln mit Tomatensoße, Lasagne oder Vushi. Mittlerweile sind jedoch auch Quinoa und Hirse wieder in meiner Küche zu finden, die ich dann koche und mit rohem Gemüse kombiniere.

Das ist für mich ein genialer und praktikabler Mittelweg, mit dem ich prima leben kann. Vor allem ist er alltagstauglich und ich habe Freude an der rohveganen wie auch vegan-gekochten Ernährung.

7.3 Über die Ernährung hinaus: Von Yoga, Nasenduschen, Trockenbürsten und Basenbädern

Mein Leben hat sich nicht nur im Bereich der Ernährung verändert. Auch darüber hinaus habe ich mich intensiver mit meinem Körper und seiner Pflege sowie Bewegung beschäftigt. Vor allem hat mich die sogenannte „Entgiftung" und wie man seinen Körper bei dieser unterstützen kann interessiert.

Yoga war schon vor meinem Rohkostexperiment ein Teil meines Lebens. Zu Beginn habe ich Stunden genommen, übe jedoch mittlerweile zu Hause. Ich habe tolle DVDs, mit denen das richtig Spaß macht, und finde, dass 15 Minuten am Tag mehr wert sind, als nichts zu tun. Yoga bietet den perfekten Ausgleich zu Berufsleben und Alltag. Es ist zwar anstrengend, aber gleichzeitig auch entspannend. Dabei geht es nicht darum, besonders „gut" zu sein - du sollst deinen Weg finden und dich wohlfühlen während des Übens.

Ich fühle mich danach in jedem einzelnen Muskel befreit, gelockert und beweglich. Nasenduschen sind vor allem im Winter (Heizungsluft) und Frühjahr (Pollen) eine wichtige Unterstützung bei der Reinigung meines Körpers. Eine kleine Nasendusche ist im Drogeriemarkt oder gut sortierten Bioladen für ca. 10 Euro erhältlich. Dazu wird noch spezielles Nasenspülsalz benötigt, das richtig portioniert im Handel erhältlich ist. Die Anwendung ist etwas gewöhnungsbedürftig, aber sehr effektiv.

Vom Trockenbürsten habe ich bei Alicia Silverstone („The kind diet") und Kris Carr („Crazy Sexy Diet") zum ersten Mal gelesen. Gleich nach dem Aufstehen rubbel ich meinen Körper von den Füßen bis zum Kopf mit einem Peelinghandschuh oder Schwamm ab. Für meinen Körper verwende ich einen Handschuh, für das Gesicht einen Schwamm. Die Haut ist das größte Organ, über sie stößt der Körper diverse Giftstoffe ab. Mit einem Peeling wird er dabei unterstützt. Aus dem gleichen Grund nehme ich einmal pro Woche ein Basenbad. Basenbäder gibt es im Rohkostversandhandel oder in Drogeriemärkten. Sie bestehen aus Edelsteinen, die so fein gemahlen sind, dass sie ähnlich wie das eben erwähnte Trockenbürsten wirken. Ich gebe 2 Esslöffel vom Basenbad-Pulver in meine Badewanne und verweile 20 Minuten bei 37 Grad warmem Wasser darin.

7.4 Roh rockt!

Mein Resümee:

- Eine Vorbereitungszeit erleichtert den Einstieg in die Rohkost und gibt dem Körper die Möglichkeit, sich langsam auf die andere Art des Essens einzustellen.
- Jeden Tag einen Liter grünen Smoothie zum Frühstück zu trinken, tat mir richtig gut.
- Auch wenn ich mittags oft dasselbe wie am Vorabend gegessen habe, wurde es nicht langweilig. Rohkost ist weder schneller noch langsamer zubereitet als Kochkost. Je "gourmet-lastiger" sie ist, desto mehr Vorbereitung (Nüsse einweichen etc.) bedarf es. Ich habe jedoch nicht mehr Zeit in der Küche verbracht als sonst.
- Gerichte roh zuzubereiten macht mir genauso viel Spaß wie Kochen.
- Rohkost ohne Dörrgerät und Hochleistungsmixer geht, macht aber nicht so viel Spaß wie mit.
- Die besten Investitionen: der Spirali und meine neue Küchenmaschine.
- Zuvor war ich schwer verliebt, nun sind wir verheiratet: mein Hochleistungsmixer und ich.
- Früchte schmecken besser und sind leichter zu verdauen, wenn sie richtig reif sind.
- Austernpilze sind roh leckerer.
- Zitrone statt Essig zu verwenden ist genial.
- Um köstliches Broht herzustellen, benötigt es etwas Übung. Gebackenes Brot fehlt mir nicht.
- Salate waren schon immer meine Leidenschaft - nun sind es auch Dressings.

- Bananen sind toll und machen glücklich. Datteln auch. Kakao oder Carob brauche ich trotzdem.
- Ich bin süchtig nach Feigen.
- Bio, Bio, Bio! Ausnahme: Pagoden (junge Kokosnüsse) aus dem Asiamarkt
- Sich einen frisch gepressten Saft zu gönnen (zum Beispiel in einem veganen Restaurant) macht glücklich.
- Ich habe gelernt, dass die Kombination von Obst und Nüssen wirklich nicht gut ist, weil sie einen Blähbauch verursacht.
- Das Auge isst mit, und vegane Rohkost ist so wunderbar farbenfroh.
- Über Rawfood gibt es online wesentlich mehr zu lesen, zu sehen und zu hören als über Rohkost – der deutschsprachige Raum hängt hier etwas hinterher.
- Ein Smoothietag pro Woche ist toll, er entlastet meinen Körper ungemein.
- Simple vegane Rohkost ist nicht teurer als vegane Kochkost.
- Ich war erstaunt darüber, dass ich gekochtes Essen nicht vermisst habe.
- Meine 2007 diagnostizierte Fruktoseintoleranz ist weg und ich fühle mich blendend!
- Mein Biomüll war voller denn je, Rest- und Plastikmüll fiel deutlich weniger an als bei Kochkost.

Bei meinem rohveganen Selbstversuch ging es mir darum, „noch gesünder" zu essen. Meiner Meinung nach bekommt mein Körper auf diese Weise die bestmögliche Nährstoff- und Vitaminversorgung. Wenn ich mich rohvegan ernähre, erhalte ich nach nur wenigen Tagen ein besseres Körpergefühl. Ich kann allen nur raten diese Erfahrung selbst zu machen. Lass die Töpfe und Pfannen einfach mal im Schrank! Viel Spaß beim Probieren und Genießen.

Anhang

Rohvegane Webseiten/ Blogs (in alphabetischer Reihenfolge):

balive.org
christine-volm.de
fullyraw.com
germanygoesraw.de
girlonraw.com
meganelizabeth.com
rawfitbitch.com
raw-food-freedom.net
rawger.wordpress.com
rawveganradio.com
rohkost-rezepte.de
rohkost.de
rohtopia.com
rohvolution.de
therawtarian.com
veganundroh.blogspot.de